POURQUOI ALLONS-NOUS AU BUREAU ?

Rémi Mangin et Michel Ciucci
en collaboration avec David Autissier

Avec les contributions de Clara Tomasini,
Pascal Riggi, et Cyril Hadji-Thomas.

Crédits photographiques :
Briag Courteaux (F Iniciativas et Primexis)
Guillaume Perret pour Apsi (Bonduelle Fresh)
Margot Raymond (Club Med)
Stefan Tuchila (Satec)

Maquette : James Wong
Mise en pages : Alain Bonaventure / Page B

Éditions Eyrolles
61, bd Saint-Germain
75240 Paris Cedex 05
www.editions-eyrolles.com

ISBN : 978-2-416-00134-5
Dépôt légal : août 2021
Achevé d'imprimer en France par SEPEC
Numéro d'impression : 21682210527

pré face

« Conduisons nos entreprises autant avec le cœur qu'avec la tête, et n'oublions pas que si les ressources d'énergie de la Terre ont des limites, celles de l'Homme sont infinies s'il se sent motivé. »

Antoine Riboud, fondateur de Danone.
Discours aux assises du CNPF à Marseille, 1972.

Quand Antoine Riboud a prononcé son discours de Marseille, en 1972, de grands patrons sont tombés de leur chaise. Son double projet économique et social était alors visionnaire. Aujourd'hui, un tel langage n'étonnerait plus grand monde, mais nous avons une longueur d'avance pour le traduire en actions concrètes. Aussi loin qu'on remonte – à plus de deux siècles pour certaines de nos marques –, nous prônons ces valeurs et nous les mettons en œuvre dans nos réalisations : nos produits, le bien-être de nos collaborateurs, nos parties prenantes, mais aussi nos lieux de travail.

Notre ADN est fait de proximité et d'humanisme. Nos produits sont présents dans le quotidien de nos consommateurs. Il était essentiel que cette proximité se ressente dans nos nouveaux locaux. La qualité de vie au travail est un sujet sur lequel beaucoup de monde disserte, mais qui nécessite des actions concrètes. Au-delà de l'altruisme évident de l'idée, nous sommes profondément convaincus que la qualité de vie au travail est un élément clef de la performance.

PAS DE CHANGEMENT SANS LES COLLABORATEURS

Le projet Convergence, que nous avons conduit avec CDB, est parti d'une problématique immobilière : nous voulions regrouper nos sites de Saint-Ouen, de Rungis et de Paris – hors siège mondial – dans un nouvel immeuble à Rueil-Malmaison. C'était un projet de regroupement immobilier comme nous en avions conduit à Prague, à Mexico ou à Bruxelles. Le geste architectural est, bien sûr, important pour attirer les talents et les retenir, mais un bâtiment va bien au-delà de cela. Le regroupement permet de gagner en productivité sans réduire le nombre de postes, de favoriser les échanges et de stimuler la créativité et le frottement interne. Il permet de rassembler des entités qui vivaient indépendamment, avec des statuts juridiques, des contrats, des politiques de mobilité différents, en un seul site, où les idées et les projets peuvent se croiser et se nourrir.

Aucune conception de nouveaux locaux ne peut avoir lieu sans la participation des services des ressources humaines et des collaborateurs. L'accompagnement au changement est la clé. Un bâtiment aussi bien négocié, situé et aménagé soit-il, n'aura aucune utilité si les collaborateurs n'ont pas envie d'y aller et ne s'y épanouissent pas. Si nous avions imposé un système sans comprendre les subtilités des relations interpersonnelles et des fonctions, nous serions allés vite, mais nous aurions engendré de la déception et de la répulsion. Nous sommes très français au fond : si on ne nous demande pas notre avis, nous le donnons quand même. Alors, autant gagner du temps et le demander tout de suite. Nos collaborateurs savent mieux que nous de quoi ils ont besoin pour être performants. En les écoutant, nous les avons rendus acteurs du changement.

Pour déterminer l'identité des nouveaux locaux, nous avons demandé à une soixantaine d'« ambassadeurs » de réfléchir avec nous à la conception de leur aménagement et de faire passer les informations à leurs collègues. En comprenant comment ils allaient vivre, se déplacer, interagir avec les autres, nous les avons aidés à se projeter dans le changement et nous avons écarté de nombreuses craintes. Cela ne veut pas dire qu'on dise oui à tout et qu'on réponde à toutes les doléances : nous avons défini le terrain de jeu, tracé les bandes sur le sol et placé les buts. À eux de jouer et de nous dire comment ils vont vivre, se déplacer, interagir avec les autres. On sifflera les hors-jeu si nécessaire.

Nos collaborateurs sont donc entrés dans les détails. Nous savions que nos locaux devaient répondre à un certain nombre d'exigences techniques, mais au-delà, structurer une ambiance de collaboration créative. CDB nous a aidés à animer la réflexion pour structurer le passage de «Voici notre culture» à «Voici notre environnement de travail». Nous avons élaboré ensemble la structure de nos espaces et les détails de l'aménagement, de l'acoustique, de l'ergonomie.

DE NOUVEAUX CODES DE MANAGEMENT

Nos collaborateurs nous ont rappelé qu'ils avaient besoin de liberté pour créer et communiquer, d'autonomie et de mouvement. L'unité de lieu n'est plus indispensable pour former une équipe: ce fait avéré de la digitalisation a changé les codes du management. Si un responsable n'a plus ses collaborateurs sous les yeux à longueur de journée, il est bien obligé de passer du contrôle à la confiance et à la définition d'objectifs, et de rejoindre ainsi des valeurs que nous avons toujours prônées mais que, comme dans toute entreprise, certains ont pu perdre de vue en route. La digitalisation et la dématérialisation accélèrent les échanges et bousculent les hiérarchies: le chef n'est pas celui qui centralise les informations, mais celui ou celle qui permet aux autres d'agir au mieux.

Nous avons toujours été très attentifs aux capacités de leadership et à l'attitude des managers. La digitalisation a enclenché une transformation sur un terreau culturel favorable. Les informations circulent à une vitesse toujours croissante, les besoins changent. Le digital a transformé notre rapport aux autres, la répartition des rôles et nos besoins en environnement de travail. Puisqu'on peut travailler n'importe où, les lieux de travail sont devenus des lieux de rencontre. Si l'on a besoin de travailler seul, autant rester en télétravail. Les locaux d'aujourd'hui sont des centres de collaboration.

Chez nous, nous passons peu de temps seuls à nos bureaux et nous travaillons beaucoup par projets. Aurait-il suffi pour autant de faire tomber les cloisons? Avant toute chose, il fallait retirer les irritants. Un bâtiment, aussi magnifique soit-il, a besoin avant toute chose de circulation fluide, de zones de stockage bien conçues, d'un wifi qui fonctionne, d'une acoustique et d'un traitement de l'air de bonne qualité. Il doit être lumineux, communicant, économe en énergie. Nos collaborateurs nous ont rappelé qu'ils avaient besoin de pousser les murs et déplacer les tables pour se réunir, dans des locaux aussi imaginatifs qu'eux-mêmes. Ils ont également besoin de silence pour se concentrer. Nous avons inventé des *activity-based offices* où les collaborateurs ont accès à des espaces différents pour leurs différentes tâches de la journée : des espaces de concentration, des espaces de travail collectif, des espaces de convivialité.

« La raison d'être de Danone n'a jamais été plus d'actualité qu'aujourd'hui : *One Planet, One Health.* On n'a qu'une planète et qu'une santé, comme nous le rappelle douloureusement la crise déclenchée par le Covid-19. À nous d'aider les salariés à faire leur part pour remplir notre mission collective : apporter la santé par l'alimentation au plus grand nombre. »

TRADUIRE NOTRE ADN DANS L'ESPACE

Comment garder de l'humanité au travail face à des changements aussi rapides de nos modes de travail ? Les managers se doivent d'être exemplaires, et les entreprises de se doter d'outils sur le droit à la déconnexion et les règles du vivre-ensemble. La bienveillance ambiante s'incarne dans les codes managériaux et les valeurs du groupe, mais également dans la conception même des locaux, dans les services qu'ils proposent, dans la convivialité des espaces centraux. Ils nous permettent de clamer nos valeurs par l'exemple, loin des déclarations incantatoires.

La raison d'être de Danone n'a jamais été plus d'actualité qu'aujourd'hui : *One Planet, One Health.* On n'a qu'une planète et qu'une santé, comme nous le rappelle douloureusement la crise déclenchée par le Covid-19. À nous d'aider les salariés à faire leur part pour remplir notre mission collective : apporter la santé par l'alimentation au plus grand nombre. Nous y travaillons avec nos parties prenantes, dans les filières agricoles, avec les producteurs de lait, de légumes et de fruits. Nos nouveaux locaux sont économes en énergie, et nous avons veillé très soigneusement au recyclage des déchets.

Charité bien ordonnée commence par soi-même : notre environnement de travail doit refléter les valeurs de notre entreprise et sa stratégie. Ce n'est pas pour rien que nous avons choisi de travailler avec CDB pour les concevoir : une relation commerciale est une relation humaine. Au-delà des questions techniques, la valeur d'une entreprise dérive des relations pérennes, performantes, bienveillantes entre les êtres humains qui la composent.

Céline Bollenot, *directrice des relations sociales et responsable du projet Convergence.*
et Philippe Amiotte, *directeur de l'immobilier et de l'environnement de travail.*
Danone.

avant-propos

L'ENVIRONNEMENT DE TRAVAIL
COMME LEVIER DE CHANGEMENT

Le lieu de travail et, plus généralement, l'environnement de travail sont devenus en quelques années un sujet d'attention particulière dans les entreprises. Sous l'impulsion des *start-up*, du désir de participation sociétale et des exigences d'innovation, les environnements de travail tertiaire ont muté. Du bureau individuel fonctionnel, les organisations sont passées à des espaces ouverts, dont le mobilier et les couleurs ont été conçus en fonction des attentes sociétales. L'espace de travail doit répondre à des exigences de production, mais aussi d'émotion et d'inspiration. Les lieux doivent permettre l'évasion et la détente en plus de la participation à une production. L'environnement de travail n'est plus un espace standardisé, mais un environnement qui doit représenter les valeurs et l'activité. L'environnement de travail a une fonction cognitive première : il doit incarner la culture, la mission, les valeurs.

L'évolution de l'environnement de travail n'est pas uniquement une évolution ergonomique en lien avec les modes. Il devient un levier de transformation dans les organisations. Changer le lieu, c'est aussi changer d'organisation, de culture et de manière de fonctionner. L'environnement de travail incarne concrètement des transformations organisationnelles et culturelles. Les métiers d'architecte, d'architecte d'intérieur, d'agencement et même de constructeur sont de faits modifiés. Il ne s'agit plus simplement de construire un lieu avec un objectif fonctionnel, mais de construire des environnements de travail en relation avec des orientations en termes de fonctionnement et de culture.

UNE ÉVOLUTION ANCIENNE

Cette évolution est à la fois ancienne et récente. Edison avait installé son laboratoire au centre de l'usine pour que les ingénieurs traversent l'usine et voient l'activité industrielle avant d'arriver au laboratoire, et que les ouvriers voient que la recherche est incluse dans la fabrication. Les exigences d'innovation dues à la révolution digitale et à l'obligation de se différencier d'un point de vue concurrentiel ainsi que le désir de participation ont contraint les entreprises à revoir leur fonctionnement et les environnements de travail. Une autre tendance est de nature macroéconomique et réside dans la bascule du monde industriel vers le monde tertiaire. L'environnement de travail dans l'industrie était conditionné et structuré par les contraintes de production avec des machines-outils et des flux de matière. Les individus étaient positionnés sur les chaînes de production pour réaliser des tâches avec un souci de rapidité, de qualité et de sécurité. Nous avons tous en tête l'image de Charlie Chaplin dans le film de 1936 Les *Temps modernes*, montrant un ouvrier contraint de tenir la cadence sur son poste.

Aujourd'hui, le tertiaire représente en France 76 % du produit intérieur brut, l'un des taux les plus élevés des pays développés. L'usine s'est transformée en bureaux. Aujourd'hui, lorsqu'un média souhaite symboliser la notion d'entreprise, elle ne montre plus une usine avec une cheminée qui fume mais une tour de bureaux. L'environnement de travail dans une économie tertiaire est symbolisé par des bureaux et des *open spaces*. Dans un premier temps, l'environnement de travail tertiaire a été organisé de manière fonctionnelle avec des bureaux fermés et dédiés à une activité. Il y avait des étages ou parties d'étages dédiés à des fonctions et, à l'intérieur, des bureaux fermés pour chaque personne ou pour une activité avec des bureaux collectifs. Les bureaux et leur organisation représentaient et représentent encore dans certains lieux des fonctionnements hiérarchiques et cloisonnés. On parle aussi de fonctionnement en silos.

La taille des bureaux était souvent fonction de la position dans la hiérarchie : les grands chefs avaient des bureaux plus grands que les moyens chefs et les petits chefs. Et il n'était pas rare de constater une classification d'étages en fonction des personnes et du pouvoir de ces dernières. On parlait d'ailleurs d'étage de la direction avec des accès restreints et des attributs du pouvoir avec des salles d'attente et «des moquettes plus épaisses». Le bureau individuel est devenu l'environnement de travail standard, mais aussi un symbole de pouvoir et d'importance sociale. Tout le monde voulait son bureau à soi, qui constituait une reconnaissance sociale et collective. Cela a conduit à la multiplication des bureaux et des espaces fermés. Le bureau est devenu un symbole de pouvoir et d'importance sociale. Une évolution historique a été, à partir des années 1990, l'émergence des salles de réunion en plus des bureaux fermés pour répondre aux besoins de coordination entre les parties prenantes… et les dérives de réunionite associées.

«Nous avons tous en tête l'image de Charlie Chaplin dans le film de 1936 *Les Temps modernes*, montrant un ouvrier contraint de tenir la cadence sur son poste.»

La crise économique de 2008 déclenchée par la crise des *subprimes* aux États-Unis a fragilisé le monde bancaire et a conduit à un ralentissement économique mondial et plus particulièrement dans le monde occidental, exacerbant la concurrence et l'exigence de rentabilité. De nombreuses entreprises ont mené des projets de réduction des coûts et d'augmentation des marges avec parfois certaines dérives de financiarisation de l'activité. En fonction des secteurs, des entreprises ont été qualifiées de non rentables en comparaison du taux de rentabilité standard. Or, une entreprise est une aventure humaine et sociale qui crée de la valeur et peut être considérée comme rentable dès lors que les produits couvrent *a minima* les coûts engendrés. Ces programmes d'économies et d'optimisation des marges ont conduit, d'un point de vue organisationnel, à des déménagements (vers des zones moins coûteuses), à la mise en place d'*open spaces* et de *flex offices*.

L'environnement de travail dans un monde tertiaire a d'abord été celui des bureaux et des salles de réunion. L'exigence d'innovation, l'émergence du désir de participation sociétale et les technologies digitales sont autant de facteurs qui ont participé à la bascule (on parle aussi de révolution pour montrer une forme de rupture forte) de l'environnement de travail.

Les *open spaces* sont des espaces collectifs de travail. Ils visent à supprimer les bureaux individuels pour des environnements de travail collectifs et ouverts, permettant des échanges plus aisés avec un objectif de désilotage. La notion d'*open space* a fait couler beaucoup d'encre de manière clivante. Le livre *L'open space m'a tuer* (Alexandre des Isnards et Thomas Zuber, Pocket, 2015) faisait mention des effets pervers des *open spaces* en termes de bruit et de fatigue.

Le *flex office* est en lien avec les *open spaces*. Les salariés n'ont plus de lieux dédiés et s'installent dans des environnements collectifs. Les salariés n'ont plus de bureaux (le meuble) et d'armoires dédiés avec un ordinateur fixe et un téléphone individuel, mais sont équipés d'un ordinateur portable, connectés à des services de messagerie et de téléphonie sans contraintes de connexions fixes. Ils peuvent aussi avoir un caisson ou un casier pour stocker leurs affaires personnelles.

Ainsi le travail s'est-il décorrélé du lieu. Des travaux tertiaires peuvent être réalisés sans localisation, à l'extérieur de l'entreprise, par exemple, dopant ainsi une notion ancienne de télétravail. Si les premiers *open spaces* étaient de grandes salles avec des postes de travail isolés par de petites parois à mi-hauteur, les premières critiques et l'expérience ont permis d'aménager les *open spaces* pour les rendre plus confortables. La création de zones de silence, de cabines de travail, les infrastructures de casier, l'ergonomie des meubles, la luminosité, les couleurs sont des ajouts et des évolutions qui font aujourd'hui de l'*open space* l'unité de base du lieu de travail.

UN ENVIRONNEMENT DE TRAVAIL FACILITANT

Nous appelons «environnement de travail» un lieu aménagé pour une production permettant la réalisation d'une activité en lien avec des parties prenantes (collègues, partenaires, clients). Trop longtemps, l'environnement de travail a uniquement été traité d'un point de vue fonctionnel au détriment, parfois, de l'esthétisme et de l'inspiration. Les lieux doivent permettre l'activité, mais aussi développer le confort et donner envie. On parle dorénavant de lieux inspirants, ou facilitants.

La crise de 2008 a mis en avant l'obligation pour les entreprises d'innover pour se différencier et revendiquer des apports de valeurs et des prix supplétifs. L'innovation peut être scindée en deux types d'innovations. Il y a l'innovation fondamentale menée par des chercheurs dans des départements de recherche et développement (R&D). Il y a aussi ce que le sociologue Norbert Alter (PUF, 2000) nomme «l'innovation ordinaire» pour signifier des pratiques de proposition d'innovations par tous les salariés dans une logique d'amélioration continue. Pour que les salariés puissent réellement innover et proposer au quotidien, ils ont besoin de dispositifs organisationnels collaboratifs et d'intelligence collective: des techniques de co-design, de *design thinking* et de co-développement.

Ces dispositifs et la philosophie qui les sous-tend (participation, créativité) sont favorisés par des lieux inspirants. Les *start-up* ont montré la voie en concevant des lieux de travail que l'on va qualifier de disruptifs. Les lieux sont ouverts, sans bureaux fixes avec des couleurs vives, des écrans digitaux et des objets qui rompent avec l'environnent de travail. C'est l'apparition des Baby-foot dans les lieux de travail, mais aussi d'objets insolites comme des Lego géants, des cactus et autres animaux en résine. L'environnement de travail doit être *fun* et attractif ; mais au-delà des gadgets, il doit favoriser la collaboration et l'inspiration pour devenir un levier de la transformation des organisations.

David Autissier

Directeur de la chaire Innovation managériale et excellence opérationnelle (IMEO) à l'ESSEC.

1. POURQUOI ALLONS-NOUS AU BUREAU…

Cet ouvrage est le fruit d'années de collaboration entre les équipes de CDB (consultants, designers, chefs de projets, experts) et les centaines de clients qui ont posé un jour sur notre table le désir de faire de leur lieu de travail une partie intégrante de leur stratégie et un moteur de succès pour leurs projets.

Pourtant, nous n'avons pas voulu faire de ce retour d'expérience un instantané de l'état de l'art de l'aménagement d'espace à la fin de cette décennie 2010 : une décennie qui a vu éclore et se développer tant de nouvelles perspectives sur la façon de concevoir le travail, l'organisation, la hiérarchie en entreprise.

En partageant notre expérience, nous avions plutôt l'intention d'éclairer la prochaine décennie en mettant en évidence certaines tendances ou solutions qui nous apparaissaient comme particulièrement intéressantes.

L'ENVIRONNEMENT DE TRAVAIL, CATALYSEUR DE LA VISION

Quand nous avons monté CDB, nous avons créé ce qui s'appelle dans le métier «une entreprise générale». Nous coordonnions des travaux d'aménagement ou de réaménagement de bureaux, en nous appuyant sur l'expérience de Rémi Mangin dans le bâtiment, sur la compréhension de Michel Ciucci de ce dont ont besoin des dirigeants débordés, et sur une équipe talentueuse et croissante d'architectes, de designers, de chefs de projets et de spécialistes de l'ameublement. Mais nous nous heurtions toujours au même problème.
Nos clients venaient nous voir et nous disaient: «On a des travaux à faire, et c'est pour hier.»

D'accord, mais ça va faire court, si nous voulons prendre le temps de bien considérer les besoins de nos clients et d'inventer quelque chose qui corresponde à leurs attentes. Nous sommes donc remontés d'un cran: en intégrant à nos projets la dimension du design, nous sommes entrés dans la création, et nous avons pris le temps de comprendre la vision qu'ils avaient de leur entreprise, pour leur proposer un projet qui leur corresponde réellement.

Nos clients ont donc précisé leur demande: «Nous voulons que ça soit joli et que ça soit fait pour hier.»

Alors nous avons dit: «Stop!». Stop, posons-nous un instant les bonnes questions. Nous allons le voir au fil de tout ce livre: le réaménagement des locaux représente une opportunité fantastique pour incarner une vision et un projet de transformation. «Oublions donc la couleur des tapis ou la forme des meubles, et profitons de cet investissement majeur pour traduire votre raison d'être, votre culture et votre ambition en lieux physiques.»

Nos clients ont trouvé que c'était une bonne idée. «Nous voulons des lieux qui cassent les silos, stimulent l'innovation et incarnent les valeurs de l'entreprise. Pour hier, de préférence.»

La commande était similaire chez tout le monde, alors qu'elle concernait des entreprises très différentes. Ils avaient une vision très claire de là où ils voulaient aller, mais pas forcément de ce que la transformation nécessiterait en pratique. Pour bien transformer, il faut comprendre toute l'organisation dans le détail:

qui travaille avec qui ? Comment les informations circulent-elles ? Quelles sont les sources de réussite ou de blocage ? Pour que les nouveaux locaux permettent la transformation, nous avons besoin de prendre le pouls d'une organisation afin de proposer une programmation architecturale adéquate.

Ainsi avons-nous appris à disséquer en détail le fonctionnement de nos clients, PME ou grands noms du CAC 40. Nous avons mis au point un outil d'une grande précision, fait de questionnaires, d'entretiens avec les collaborateurs et d'études quantitatives des effectifs, des espaces et des flux d'information. Cet outil de pointe nous fournissait, après des centaines d'heures d'étude et d'analyse, une radiographie incomparable des rapports au travail, au temps, au pouvoir, au collectif, d'une entreprise à un instant T. L'ennui, c'est que nous mettions cet outil au service d'un réaménagement qui n'était pas destiné à changer l'organisation.

Nos clients nous disaient désormais : « Nous voulons des lieux qui permettent une transition agile et digitale. Pour hier, merci beaucoup. »
D'accord, mais pour demain, qu'est-ce qu'on fait ?

DES LIEUX POUR CRÉER DU LIEN

L'espace n'était encore perçu que comme une conséquence d'un projet global. La transition numérique formait un écran de fumée entre l'objectif de l'entreprise et ce que nous prévoyions de faire : au lieu de parler du projet managérial, des interactions des équipes, de culture, nous parlions encore de technologies et d'outils, comme si Internet était encore une nouveauté. Dans une transition agile, les équipes se réorganisent, les nomades deviennent locaux et inversement. Or, si on met le focus sur une transition digitale, on ne parle encore que d'outils. Nous parlions également beaucoup de contraintes : « Il nous faut un *open space* », « Notre budget est de tant ». Il était temps pour nous de monter en puissance, en posant d'autres questions : « Où vous voyez-vous dans dix ans ? », « De quelles dynamiques avez-vous besoin pour passer à la vitesse supérieure ? » « Quels résultats représenteraient un bon retour sur investissement ? »

Nous sommes convaincus que les lieux ne sont pas qu'un simple décor. Quand on conçoit un espace, on redéfinit les interactions. En nous appuyant sur une analyse très fine des relations entre les individus, nous pouvons définir les espaces les plus fidèles à une culture d'entreprise, ceux qui faciliteront si bien les relations humaines, le bien-être et la productivité (dans cet ordre, et pas l'inverse) que les collaborateurs seront en mesure de donner le meilleur d'eux-mêmes. Et nous pouvons aller plus loin. En mettant les équipes en mouvement, en chamboulant les hiérarchies bien établies, nous pouvons créer de nouveaux collectifs, pousser les équipes à réfléchir différemment, favoriser les rencontres inattendues.

MAIS QUE VOULONS-NOUS FAIRE AU BUREAU ?

La crise provoquée par l'épidémie de SARS-CoV-2 a forcé le monde à appuyer sur la touche « Pause ». Figés, ébahis (les Anglais diraient « *in awe* »), nous avons progressivement repris nos métiers, nos travaux, quand c'était possible. Cependant, une grande partie d'entre nous, plus de quarante pour cent de la population active mondiale, a cessé d'aller au bureau et a entrepris de travailler de chez elle.

À ce moment-là, et dans les semaines qui ont suivi, la question centrale de ce livre – que nous nous posions depuis un moment – s'est imposée à tout le monde : pourquoi va-t-on au bureau ?

Après plusieurs mois de travail à distance, la perspective que nous avons tous sur le monde change peu à peu. La question n'est d'ailleurs pas, selon nous, si nous aimons ou pas le travail à distance, mais plutôt, encore une fois : que vient-on faire au bureau (quand on y va…) ?

Le grand enjeu des années 2000 a certainement été celui de la **transition numérique**. Il nous semble que celui de la décennie qui s'achève a été **le changement de mode de management et d'organisation** pour l'entreprise aujourd'hui et demain. Nous pensons que la question centrale de la décennie qui commence sera celle de **l'équilibre et de la continuité entre l'espace de travail et l'espace personnel.** La respiration entre collaboration et recentrage, nomadisme et sédentarité, production et échange, travail et repos, est sur toutes les langues, dans toutes les têtes, parfois un peu galvaudée ou traitée légèrement et de façon dogmatique. Cette respiration est parfaitement illustrée, selon notre point de vue, par la continuité entre espace personnel, tiers lieux et lieux de travail. Elle met en évidence une continuité, un gradient toujours plus fin entre lieux physiques, numériques, privatifs, semi-publics, ouverts, partagés ou dédiés.

Pour quelle raison devrions-nous changer de lieu pour changer de mode, pour reprendre une terminologie générationnelle ?

Pour mieux comprendre les liens entre lieux et travail au moment de leur conception, aussi bien que lorsqu'on anime des lieux existants, on peut regarder l'usage qu'on en fait. La complexité des interactions se dissipe un peu quand on se pose des questions simples : « Je me déplace pour pouvoir faire quelque chose de différent, ailleurs et avec d'autres. Je passe d'un espace à un autre pour rencontrer et échanger avec d'autres groupes d'individus. »

> « La question centrale de ce livre […] s'est imposée à tout le monde : pourquoi va-t-on au bureau ? »

Les lieux préparent nos esprits à ce que nous avons l'habitude d'y faire : produire, concevoir, vendre, administrer quand il s'agit de travail, ou bien simplement dormir, cuisiner, se détendre, faire la fête, dans nos vies personnelles. Mais alors, pourquoi aller au bureau quand on dispose de tous les moyens pour travailler de chez soi ou d'un café ? Probablement **parce que fondamentalement, c'est là qu'on rencontre l'autre et que des liens se tissent pour former le tissu de nos organisations.**

Ce tissu organisationnel – composé de personnes, de talents, de la culture de l'entreprise, des aspirations et des ambitions communes et individuelles – est notre sujet d'étude et d'action quotidienne. C'est cet univers passionnant que nous essayons ici de partager avec le lecteur, et le Covid n'y pourra rien changer…

2

L'ENTREPRISE ÉVOLUE

Pour aménager intelligemment des locaux, il faut comprendre dans quelle entreprise nous mettons les pieds. En quelques années, nos lieux de travail ont fondamentalement changé, parce que nos entreprises se sont fondamentalement transformées. Le changement le plus évident – à tel point que c'est devenu une banalité de le dire – est l'arrivée des technologies numériques, notre travail en réseau, à distance, qui fait prendre aux échanges d'e-mails la majeure partie du temps de nombre d'entre nous. Comment s'est déroulée cette transformation ? À quoi est-elle due ? Et une question qu'on ne s'est pas encore suffisamment posée : est-ce la transition numérique qui a transfiguré le fonctionnement de l'entreprise, ou un nouveau fonctionnement nous a-t-il poussés vers ces nouveaux outils ?

À en croire le discours ambiant, toutes les entreprises doivent être digitales. Et toutes doivent être libérées. Cela signifie-t-il que le tournant numérique provoque la libération ? Et que signifie cette libération, au juste ? Quand on observe les dernières modes et la communication académique et professionnelle en rapport avec le management et la stratégie des entreprises, beaucoup d'approches « libératrices », « responsabilisantes », « connectées », sont désormais implicites. Il suffit, en effet, de tirer le fil des nouvelles méthodes en vogue pour dresser un portrait en creux des problèmes auxquels les entreprises et leurs dirigeants feront face dès qu'ils les mettront en place. La décennie qui s'achève fut particulièrement riche en dogmes et outils de management.

Si les années 2000 ont apporté leurs enseignements en matière de marketing numérique et de vente en ligne, changeant profondément l'approche des entreprises en matière de communication et de développement commercial, les années 2010 ont placé au cœur des stratégies la nécessité de refondre les processus internes en fonction d'un nouveau paradigme qu'on appelle « la transition numérique ».

Comment façonner les organisations pour prendre en compte ces nouveaux terrains de jeux numériques ? Et avant de nous poser cette question, posons-nous-en une autre, plus fondamentale : à quoi veut-on aboutir une fois l'entreprise transformée ?

UN COLLECTIF À BUT LUCRATIF

L'entreprise a changé, et si ce n'est pas encore le cas, elle changera bientôt. Les grands cabinets de conseil en stratégie reprennent en chœur les mantras des gourous de la Silicon Valley. La transition numérique accélère les interactions avec les clients et les partenaires. Pour s'y adapter, il faudrait moins de hiérarchie, plus de motivation individuelle, des organisations «plates», supprimer les bureaux fixes, laisser les collaborateurs libres de leurs congés... L'entreprise est dématérialisée avant même d'être globalisée. Cette nouvelle organisation ressemble de plus en plus à un collectif à but lucratif où les équipes se forment et se défont, sous un grand chapeau aux couleurs de la société. Le chef de service disparaît au profit de l'animateur d'équipe qui manie les tableaux de bord comme seule sanction de la performance. On se félicite collectivement des succès, on décortique les échecs (aux États-Unis, on appelle cela un «*post mortem*», une autopsie de projet!) pour que chaque membre de l'équipe s'aligne sur la performance optimale requise.

En résumé, devant l'incroyable challenge de l'accélération des flux, des communications, de la démultiplication, *via* les médias sociaux, des points de contact entre une entreprise, une marque et son environnement, la réponse est de rendre les individus de plus en plus autonomes et responsables, qu'ils soient salariés, dirigeants ou indépendants.

Il faut néanmoins rester vigilant sur les conséquences de ces modifications fondamentales du fonctionnement des entreprises, tant pour les collaborateurs que pour les dirigeants. Devant cette débauche d'idées créatives sur la «libération» de l'entreprise, on peut se poser quelques questions. La première question, avant d'entreprendre toute démarche, est très simple: pour quoi faire? À quoi veut-on aboutir en dématérialisant l'organisation et en supprimant les hiérarchies? Comprendre les objectifs des pionniers de ce type d'organisation, c'est aussi reprendre le contrôle de sa stratégie et mieux ajuster son évolution à sa propre vision. Vient ensuite la question de l'impact de ces réformes sur les individus qui composent cette organisation. Nous sommes tous des êtres de chair et d'émotions; la virtualisation des espaces et des échanges, cette responsabilisation outrancière, ont certainement des conséquences importantes sur notre fonctionnement quotidien et notre performance individuelle.

C'est seulement après avoir mieux compris les motivations de ces changements et leur impact que nous pourrons proposer un environnement de travail adéquat à l'épanouissement professionnel des membres de l'organisation dans ce monde nouveau que nous construisons au quotidien.

RÉVOLUTION NUMÉRIQUE...

L'entreprise a changé, d'accord. À quoi, ou à qui, doit-on cette transformation radicale ? À en croire la profusion d'articles et d'ouvrages sur la question, nous sommes face à l'une des conséquences majeures de la transformation numérique, par le biais de trois facteurs fondamentaux. Tout d'abord, c'est une réponse à l'émergence d'une nouvelle génération connectée (la génération Y, ou *millenials*), adaptable, versatile, prompte à changer de métier, de pays, d'employeur, et pour qui les valeurs de l'entreprise sont tout aussi importantes que les projets qu'elle porte.

> **« Il suffit dorénavant de savoir où se trouve une information pour aller la chercher sans avoir à demander une autorisation ou passer par son supérieur hiérarchique. »**

Ensuite, on l'associe au passage au tout *data*. La donnée est reine, tout se mesure. En management, les objectifs et les comportements sont calibrés, mesurés, analysés, et le succès est laissé à l'arbitrage d'un algorithme, d'un calcul, plutôt qu'à la subjectivité d'un manager.

Enfin, l'émergence des réseaux sociaux en conjonction avec des systèmes d'information plus performants ont rendu la communication entre pairs et la recherche d'informations extrêmement fluides. La clé du pouvoir, c'est la connaissance, dit l'adage populaire souvent prêté à Confucius. Dans une organisation qui reposait autrefois sur la faculté à disposer d'une information hiérarchisée, on pouvait comprendre que le pouvoir s'organisait de façon pyramidale. Maintenant que toutes et tous ont accès à presque toute l'information utile de l'entreprise, la nécessité, naguère matérielle, de créer des voies de communication officielles, disparaît. Il suffit dorénavant de savoir où se trouve une information pour aller la chercher sans avoir à demander une autorisation ou passer par son supérieur hiérarchique. Il n'y a donc plus besoin de hiérarchie. L'organigramme est refondu sous des formes plus ou moins plates, plus ou moins matricielles, mais toujours selon un réseau qui suit celui des flux de connaissances et des nœuds de savoir-faire.

La transformation managériale n'a-t-elle été cependant causée que par la révolution informatique ? De nombreux contre-exemples viennent fragiliser cette hypothèse communément admise.

En 2001 est paru *Le Manifeste pour le développement agile de logiciels*[1], décrivant ce qui deviendra, au cours de la décennie actuelle, la norme du développement informatique. Cette méthodologie repose sur les principes suivants :
- les individus et leurs interactions prennent le pas sur les procédures et les outils ;
- un logiciel qui fonctionne est plus important qu'une documentation complète ;
- la collaboration avec le client ou l'utilisateur est préférable à la négociation contractuelle ;
- la réactivité au changement est préférable à la définition d'un plan préétabli.

La méthode se développe parallèlement à une approche de management appelée *lean* qui privilégie une approche incrémentale, c'est-à-dire progressive, de la stratégie et le recours systématique à des outils de mesure et à la correction constante de la « trajectoire » de l'entreprise. Le management et la stratégie reposent donc essentiellement sur les données collectées. Les équipes sont poussées à tester et à améliorer leurs processus de façon autonome[2]. « *Lean* » et « agile » sont devenus les piliers du développement de toutes les *start-up* d'aujourd'hui, tant elles permettent d'intégrer efficacement les composantes technologiques et stratégiques d'une activité innovante.

1 *Agile Alliance, 2001. http://agilemanifesto.org/*
2 *Eric Ries,* Lean Startup, *Pearson, 2015 pour l'édition française.*

La popularisation de ces deux approches complémentaires coïncide, certes, avec l'émergence du e-commerce et du marketing numérique, mais elle cache une approche beaucoup plus ancienne du management et du pilotage des opérations. «Agile» vient de la méthode RAD (développement informatique rapide mis en place dans les années 1990); mais «*lean*» trouve son origine chez Toyota (où la méthode s'appelait à l'époque *Toyota Production System*), qui a développé depuis les années 1950 le concept de *kaizen* (mot japonais signifiant «amélioration continue»). Elle a été largement mise en place dans l'industrie manufacturière bien avant l'arrivée de l'informatique personnelle, des smartphones ou des réseaux sociaux.

D'autres approches sont encore plus anciennes: le management par objectifs[3] et le *balanced scorecard*[4] sont autant d'approches de la gestion de l'entreprise où la donnée est au centre de la prise de décision et de l'interaction entre membres d'une même organisation. Ces méthodes prônaient déjà la communication d'objectifs clairs plutôt que la fixation de procédures trop rigides. En somme, cette révolution des méthodes de management et des organisations est bien plus ancienne que la révolution numérique actuelle. La relation entre ces deux phénomènes est probablement un phénomène d'amplification et d'accélération mutuelle plutôt que la réponse à un changement véritable de paradigme. Comme souvent quand deux phénomènes semblent corrélés, comme ici l'évolution des modes de management et la révolution numérique, mais qu'il ne semble pas y avoir de causalité directe, il existe souvent une cause commune aux deux phénomènes. Par exemple, une idéologie commune.

… OU RÉVOLUTION IDÉOLOGIQUE ?

Quand on analyse la révolution numérique, il faut diriger son regard vers la Silicon Valley, bien sûr, mais bien plus tôt qu'on ne le pense souvent, bien avant la création de Google et de Facebook. Il faut remonter trente ou quarante ans en arrière. La Californie est alors le berceau américain d'une certaine vision libérale (au sens anglo-saxon) assez différente des valeurs du ca

3 *Peter Drucker, 1954. Édition française:* La Pratique de la direction des entreprises, *Éditions d'Organisation, 1957.*

4 *Kaplan, Norton, «The balanced scorecard. Measure that drive performance»,* Harvard Business Review, *1992. https://hbr.org/1992/01/the-balanced-scorecard-measures-that-drive-performance-2*

pitalisme industriel dominant, paternaliste et très hiérarchisé, dans le reste du monde occidental à cette époque-là. En Californie, la contre-culture des années soixante a fait émerger une génération de scientifiques, physiciens, mathématiciens, chimistes, psychologues, dont les idées de société étaient souvent très libertaires. Elle s'articulait à une préoccupation de bien-être et à une forme d'égalitarisme à peu près inconnues dans le reste du monde.

Remontons encore plus loin. Au fond, ce libéralisme est inspiré de la pensée utilitariste de la fin du XVIIe siècle et du début du XIXe siècle. Cette philosophie imaginée par Jeremy Bentham puis développée par Stuart Mill pose l'idée que le bonheur collectif est le résultat de la somme des bonheurs individuels. Elle a fortement influencé la pensée juridique, éthique et morale américaine. Elle est certes au cœur de la pensée du libéralisme économique, mais elle a également ouvert la voie à d'autres penseurs humanistes voire libertaires, comme, par exemple, Charles Fourier. L'utopie fouriériste, avec ses phalanstères, véritables communautés libertaires ayant inspiré notamment les kibboutzim israéliens, était très en vogue dans la mouvance libérale sociale américaine à la fin des années soixante aux États-Unis. Des pionniers américains ont ainsi monté des communautés fouriéristes. Deux grandes universités californiennes ont joué un rôle clé dans le développement de telles visions, et ce n'est pas un hasard si les plus grands fondateurs de la Silicon Valley y sont passés : celle de Stanford, plus utilitariste et libérale, et celle de Berkeley, plus utopiste et libertaire. Cependant, jusqu'aux années quatre-vingt, ces débats moraux, philosophiques et éthiques étaient essentiellement cantonnés aux milieux universitaires.

Cette école de pensée a fini par sortir de la théorie et entrer dans le monde de l'entreprise à la fin des années soixante-dix. En effet, pour la première fois, les grands entrepreneurs de l'industrie numérique naissante sont issus des rangs de l'Université. Gordon Moore et Robert Noyce, pionniers de l'industrie des semi-conducteurs et fondateurs d'Intel, sont tous les deux docteurs respectivement en chimie (à Berkeley) et en physique (au MIT). Les pères fondateurs et références majeures de cette industrie sont des scientifiques, comme Tim Berners-Lee, inventeur du Web pour les activités internes du CERN à Genève. Le Xerox Park, situé à Palo Alto, tout près de Stanford, d'où a émergé l'essentiel des innovations ayant donné naissance à la micro-informatique, a été fondé par deux docteurs en physique : George Pake et Jack Goldman.

Dans les années quatre-vingt, une plaisanterie circulait dans les milieux de l'informatique californienne : « Combien paye-t-on un concepteur de microprocesseur ? » La réponse : « On lui donne un chéquier en blanc. Après s'être acheté une voiture de sport et une jolie maison à Palo Alto, il ne consomme plus que des pizzas et du Coca, et il travaille jour et nuit. »

Ce bon mot est loin d'être anecdotique. Il reflète une réalité fondamentale de cette industrie naissante. À l'opposé de l'industrie chimique dans le second tiers du XXe siècle, elle aussi portée par des entrepreneurs issus des rangs académiques, la nouvelle économie numérique était très peu consommatrice d'investissements lourds. Les premiers micro-ordinateurs sont assemblés sur des chaînes de montage légères, et les logiciels sont conçus dans un salon ou un garage. Ce qui compte vraiment, c'est le savoir scientifique et technique, l'expérience et la vision des femmes et des hommes qui participent au projet. Le capital matériel devient secondaire, loin derrière le capital humain. Chasser le concepteur d'un système ou le garder motivé sont les clés du succès pour ces entreprises d'un nouveau genre. La valeur de l'entreprise est indexée sur les talents qui la composent. Pour inventer le monde contemporain à coups de jeux vidéo, de systèmes d'exploitation et de bases de données, il faut des femmes et des hommes dont la compétence n'est pas réplicable : si l'on invente des techniques chaque semaine pour les besoins d'un projet, les universités ne peuvent pas produire de personnels déjà formés. Le développement et le bien-être des hommes et des femmes deviennent donc une préoccupation majeure.

L'autre conséquence de cette approche très scientifique de l'entreprise a été la prépondérance de l'expérience et de la mesure dans la façon de gérer les produits et les entreprises. Un physicien pose une hypothèse, la teste, et valide ou invalide son hypothèse, puis il recommence. Les entreprises des nouvelles technologies ont appliqué la même approche incrémentale et méthodique pour comprendre le comportement des utilisateurs de leurs produits et faire évoluer les produits peu à peu, version après version. Au diable les équipements et les objets indestructibles, fiables et éternels ! La révolution numérique impose le renouvellement permanent d'une offre de services fondée sur les données, les informations, renvoyées par le marché. C'est la méthode scientifique appliquée à la société de consommation.

Cette nouvelle vague de managers scientifiques, utilitaristes et libertaires déferle sur le monde économique et impose à tous son succès fulgurant. À tel point que ces entrepreneurs, cadres et leaders de l'industrie technologique naissante sont devenus les investisseurs des années 1990 et 2000, riches de leurs actions et autres *stock-options*. Ces nouveaux investisseurs sont les *venture capitalists* qui ont fait la Silicon Valley actuelle en finançant Google, Paypal, Amazon, Facebook, Twitter, Salesforce… Les jeunes entrepreneurs des années 1990 et 2000 ont retrouvé chez ces *venture capitalists* les valeurs acquises durant leurs études. Ils sont scientifiques ou scientistes, utilitaristes et libertaires.

Pour ces jeunes ingénieurs et physiciens devenus des dirigeants d'entreprise riches et puissants, l'innovation porte en elle le bonheur de l'humanité en donnant un pouvoir toujours croissant aux individus qui la composent, où qu'ils soient, pourvu qu'ils se servent des outils qu'on leur fournit. Ces nouveaux produits, comme Google, Paypal et Facebook, sont le plus souvent gratuits pour être accessibles au plus grand nombre. Si on donne plus de pouvoir au plus grand nombre, les bienfaits pour la collectivité sont démultipliés et il sera toujours temps de trouver un revenu par la suite. La notion même d'accès gratuit est consubstantielle à cette philosophie de l'« *empowerment* » : on partage la valeur *après* et non *avant* sa création effective. De même, on sanctionne le succès, ou l'échec, une fois le projet mis en œuvre. Seul le résultat compte dans ce monde où tout est, *a priori*, possible.

Donner de la puissance, de l'autonomie et la capacité de communiquer avec tous et toutes, toujours tout mesurer, évaluer et appuyer ses décisions stratégiques sur les données expérimentales, mettre l'individu au centre de l'organisation, sont les éléments fondamentaux de la gestion de ces nouvelles entreprises. De Sergueï Brin et Larry Page (Google, Alphabet) à Mark Zuckerberg (Facebook), d'Elon Musk (Paypal, Space X, Tesla) à Evan Williams (Twitter, Medium), ces scientifiques devenus ingénieurs en informatique, *start-upers* puis dirigeants ont appliqué au management de leurs entreprises les mêmes principes utilitaristes qui ont nourri leurs innovations. On ne saura sans doute jamais si c'est ce changement d'approche managériale qui a permis leur grand succès ou bien si, à l'inverse, c'est l'arrivée massive de technologies révolutionnaires qui a permis la popularisation de leurs méthodes de management, mais on comprend pourquoi cette révolution numérique est étroitement associée aux changements que subissent toutes les entreprises aujourd'hui.

L'« *EMPOWERMENT* » ET LA PRESSION SUR LES INDIVIDUS

La technologie, bien qu'elle rende possible l'autonomisation des employés d'une société, est donc loin d'être la seule cause et le seul vecteur de la transformation que les entreprises vivent actuellement.

Les employés de ces nouvelles entreprises, calquées sur le modèle de la Silicon Valley, se retrouvent coéquipiers avant tout. Bardés d'outils, de tableaux de bord, d'objectifs à court ou moyen terme, ils sont détachés de presque toute hiérarchie. Ils sont mobiles, travaillant tantôt de chez eux, tantôt du bureau, chez un client ou en déplacement. Ils se doivent d'être créatifs, précis, productifs, humains, leaders et bons équipiers à la fois. Ils portent avec fierté l'image de l'entreprise sur les réseaux sociaux, évitent les attaques de *trolls* et de *phishing*, ils font du sport et du yoga, ils se nourrissent sainement et font la fête régulièrement avec leurs collègues. C'est beaucoup demander à une seule et même personne…

La méthode agile a très fortement contribué à cette autonomisation des équipes. D'abord une norme de développement informatique, cette méthode a été généralisée à d'autres fonctions de l'entreprise, et notamment au management. Toute action est inscrite dans le projet. Les individus sont mis au centre de l'organisation. Les objectifs sont revus de période en période. Le critère principal de management est le résultat, la mesure d'efficacité des projets. C'est là que se situe la clé de voûte du système : **dans une entreprise passée au mode agile, la transparence est totale**. Grâce aux outils informatiques de suivi de projet, chaque membre de l'équipe sait qui est en retard, qui fait défaut, quelles équipes essuient le plus de plaintes des clients ou quel équipement subit le plus grand nombre de pannes. Puisque tout le monde peut surveiller tout le monde, le rôle traditionnel de contrôle et de sanction du management intermédiaire devient complètement superflu. Un manager est désormais un animateur ou un expert, mais en aucun cas la courroie de transmission d'une hiérarchie et le pourvoyeur d'un quelconque système de récompense ou de réprimande. On n'est pas loin du panoptique de Jeremy Bentham, fondateur de la pensée utilitariste, quand le philosophe imaginait un système carcéral idéal où très peu de gardes pouvaient surveiller des centaines de prisonniers. Dans l'idée du philosophe, le fait de se savoir regardé pousserait les prisonniers à s'autocensurer et à contrôler leurs propres dérives. De même, dans l'entreprise agile, chacun et chacune se sait mesuré, noté, observé, et doit régler sa conduite sous ces regards omniprésents et non identifiables.

Les *open spaces*, ces espaces de travail sans cloisons ni séparation physique entre les collègues, sont les prolongements matériels de cet esprit de transparence. La présence ou l'absence des collaborateurs, leurs comportements, leurs conversations, leurs horaires, sont connus de tous, mais ils n'ont que peu de moyens d'expliquer ou de contextualiser cette information brute. Ils n'ont peut-être plus de comptes à rendre à leur manager direct, mais ils ne contrôlent toujours pas les informations qui circulent sur leurs actions, leurs projets et leur présence.

« Les espaces de travail peuvent offrir des réponses pertinentes aux besoins d'innovation et de créativité : ils permettent à chacun de se mettre dans un contexte particulier, mais aussi de choisir les moments opportuns et les partenaires pour le faire. »

Dans un pareil contexte, on peut se demander si l'objectif utilitariste initial posé ici en hypothèse – la constitution d'un bonheur collectif par la somme des bonheurs individuels – est atteint. En effet, ce virage de l'*empowerment* exerce une extrême pression à la fois psychologique, sociale et professionnelle, sur chaque individu.

Pour éviter que les collaborateurs s'entre-déchirent ou expriment de l'agressivité ou de la méfiance vis-à-vis de la direction de la société, **la responsabilisation de chacun et la transparence totale dans l'organisation né-**

cessitent une solidarité et une bienveillance générales. Il faut considérer que chacun fait de son mieux et que tout problème doit faire l'objet d'une réponse collective sans donner lieu à la désignation d'un coupable ou d'un bouc émissaire. Il faut également sanctionner très vivement tout comportement de harcèlement et mettre en place des outils permettant la régulation des conflits interpersonnels. Concrètement, l'entreprise doit mettre des moyens à la disposition de ses salariés et non les enfermer dans des formats trop rigides. La mise en place de systèmes corollaires de soutien est indispensable pour permettre à tous de jouir des bénéfices de cette révolution managériale. Mais, de nouveau, ces systèmes devront être à la disposition des salariés, et non des règles ou des procédures figées.

L'ENTREPRISE DEVENUE LIEU DE VIE

De plus en plus d'entreprises ont compris que l'environnement de travail pouvait compenser cette mise sous pression des collaboratrices et collaborateurs de l'organisation.

Au-delà du cliché libertaire qui tendrait à décrire l'entreprise comme un collectif idéal, libéré de tout autoritarisme, déterminisme ou préjugé, parfaitement aligné avec son marché parce que reposant sur des collaborateurs autonomes et avertis, regardons sereinement ce qu'on demande aux collaborateurs.

La créativité qu'on exige de tous repose sur la capacité de chacun et du groupe à sortir de son cadre quotidien et à regarder la réalité autrement. Quand on doit venir au bureau à heures fixes, travailler dans un cube ou un module fermé, assister aux réunions hebdomadaires planifiées à l'avance par une hiérarchie peu soucieuse de rompre le processus de réflexion de ses équipes, il n'est pas évident de se mettre subitement à trouver des idées originales et à changer de perspective. On ne peut pas penser «*out of the box*» quand on nous «met en boîte» systématiquement. À l'inverse, laissés totalement libres de notre temps, de notre place, de nos interactions avec nos collègues, beaucoup d'entre nous se retrouveront plongés dans une grande détresse. Sans repère, difficile de produire.

Les espaces de travail peuvent offrir des réponses pertinentes aux besoins d'innovation et de créativité: ils permettent à chacun de se mettre dans un contexte particulier, mais aussi de choisir les moments opportuns et les partenaires pour le faire.

Les *fablabs*, les ateliers créatifs ou d'idéation, les espaces innovants, offrent une réponse « spatio-temporelle » pour matérialiser ses idées. En choisissant le moment et le lieu de création, en mettant son corps en mouvement et en orientant sa pensée sur la production créative, on permet l'émergence d'idées chez chacun. En collaborant sur un projet concret, limité dans le temps et l'espace, on transforme ces idées en solutions communes.

Cet espace-temps peut même être éphémère. Dans le cas d'une entreprise où la méthode agile est mise en place, par exemple, il faut accepter le fait que la durée moyenne d'un projet risque d'être rallongée, même si elle gagne en qualité. **Quand on cherche l'innovation, il faut accepter de perdre du temps.**

D'expérience, nous savons qu'il faut également mettre en place des méthodes pour éviter les levées de bouclier d'une équipe à l'autre et construire une émulation saine. Dans un cas vécu, par exemple, nous avons laissé les collaborateurs libres de décider de l'opportunité et de l'organisation de leurs voyages professionnels. D'autre part, nous avons mis les compétences et les équipements de l'équipe R&D à disposition de toutes les équipes de l'entreprise. Lorsqu'une équipe projet décidait de lancer, en amont d'un projet de production, un projet de R&D, ses membres avaient la possibilité de venir à Paris (depuis leur pays d'origine) en « stage » pour concevoir, prototyper et valider les éléments indispensables à leur futur projet en collaborant avec des experts du centre de R&D. La configuration des locaux, l'accès à quantité de matériel et d'outils originaux, d'imprimantes 3D, de documentation, étaient fondamentaux au processus de création qui pouvait s'exprimer dans ce lieu en « extraction » du quotidien des collaborateurs qui y venaient.

Les espaces dédiés à l'innovation sont des lieux permettant de s'exprimer librement. Les outils qu'on y trouve permettent la matérialisation de la pensée. L'aspect plus ludique, moins formel, libère de la peur de se tromper ou de dire une bêtise.

Ces temps d'innovation, d'idéation, de création, sont importants, mais ils ne peuvent émerger que si l'espace met l'esprit en condition pour le faire. Se lever, marcher, dessiner, rire, discuter, rêver, boire et manger ensemble sont autant d'actions essentielles pour inventer des idées nouvelles, mais impossibles quand on reste assis tout seul à son poste de travail.

En permettant aux équipes et aux individus de choisir le temps et le lieu de la création, de la concentration, de la production ou de la concertation et du partage, on donne à tous les moyens nécessaires à l'exercice de leur autonomie nouvelle.

L'«*empowerment*», c'est donner du pouvoir aux collaboratrices et collaborateurs, c'est-à-dire leur donner de l'autonomie pour définir leur voie, les moyens et le temps pour réaliser leur part des objectifs de l'entreprise. Il ne s'agit donc pas seulement d'outils techniques et de style managérial, mais aussi et surtout de leur donner un pouvoir sur l'espace et le temps de la collaboration.

DES LOCAUX QUI LEUR RESSEMBLENT

La réponse à ce besoin est en partie architecturale. Construire un bureau à taille humaine signifie penser non seulement les lieux, mais aussi les flux et les usages dans le temps. Il s'agit de construire un espace dont l'usage est laissé à l'arbitrage des usagers du bureau, à l'instar de l'urbanisme à l'échelle d'une ville. C'est ainsi que, dans les années 1970, a émergé la notion d'*Activity-Based-Working*. Cette méthode consiste à dimensionner et organiser les locaux afin de les mettre à disposition de collaborateurs qui choisissent les lieux et les équipements en fonction de leurs besoins. Travailler en groupe, s'isoler, se réunir, partager avec un grand groupe, communiquer en téléconférence, créer, prototyper, se détendre, faire du sport, sont autant de temps associés à des lieux : c'est-à-dire à un environnement, un mobilier et des équipements, et un emplacement particulier dans les locaux de l'entreprise. Chacun choisit donc le lieu approprié à son activité du jour ou du moment, en coordination avec son équipe ou le reste de l'organisation, comme nous le verrons au chapitre 7.

Cette approche est cependant restée très marginale jusqu'à ce que les cadres des entreprises en transformation se rendent compte des bénéfices pour leur organisation. Comme le montrent les études de cas présentées dans cet ouvrage, il s'agit d'une véritable révolution de l'approche managériale. Au lieu d'imposer des lieux par départements, métiers ou activités, **l'entreprise se transforme en fournisseur de services et de moyens à des salariés conscients de leur responsabilité, de leurs droits, mais aussi des limites de cette jouissance.**

« Une société reprend sa dimension sociale quand elle prend en compte les besoins du collectif et va même jusqu'à ouvrir ses locaux à la société au sens très large. »

Chez les géants du numérique, quand la législation et la culture locale le permettent, le campus est pensé comme un village dans lequel les collaborateurs peuvent à leur gré choisir de travailler, de se détendre, de se restaurer ou de dormir, tout cela le plus souvent gratuitement. Ces possibilités offertes aux collaborateurs pourraient néanmoins sembler bien extrêmes en Europe, où la culture et la législation sont plus contraignantes, mais partout, lieux de travail et lieux de vie se confondent.

L'entreprise est le lieu du collectif, de la création, du partage et de la production. La révolution numérique a permis d'abaisser les frontières entre l'entreprise et le monde qui l'entoure, permettant aux anciens travailleurs en col blanc (désormais vêtus de jean-baskets) de travailler de chez eux, dans les transports ou chez leurs clients. La mise en réseau des organisations, l'aplatissement de la hiérarchie et l'émergence des méthodologies de projet en lieu et place de ces derniers a nécessité la recomposition du lieu de travail. La collectivité de l'entreprise retrouve sa fonction de soutien, de réconfort et de stimulant grâce aux lieux dans lesquels elle peut s'exprimer.

Une société reprend sa dimension sociale quand elle prend en compte les besoins du collectif et va même jusqu'à ouvrir ses locaux à la société au sens très large, en accueillant étudiants, *start-ups*, conférences, projets, assemblées locales et démocratiques (voir chapitre 8).

La culture de l'entreprise, sa stratégie et la vision de ses dirigeants façonnent l'organisation dans ses dimensions les plus profondes et doivent notamment trouver leur expression spatio-temporelle. Même parmi les géants de la Silicon Valley. La différence de culture et de vision de deux rivaux comme Google et Apple produit des effets très différents dans leur organisation et très visibles à travers leurs bureaux, leur communication, leur approche des projets.

Sans chercher à enfermer l'une et l'autre entreprises dans des cases, Apple, une entreprise issue de la première vague de la révolution numérique, est focalisée sur l'expérience parfaitement cohérente qu'elle prétend proposer à ses utilisateurs et clients. Tout est planifié, contrôlé, dissimulé au public jusqu'à la dernière minute. Ses espaces commerciaux et son quartier général sont à l'image de cette culture et de la stratégie portée par la vision de feu son fondateur : épurée, exemplaire, rangée, propre, organisée. Tout le monde a en tête ce bâtiment circulaire, sans aspérité, recouvert de panneaux solaires qui le rendent autonome en énergie, irréprochable. Apple est dans le contrôle, son organisation et ses locaux également.

À l'inverse, Google, issue de la deuxième génération d'entrepreneurs de la Silicon Valley, a toujours mis en avant une approche créative avant tout. On pardonne l'erreur, on essaie, et parfois on arrête les projets. Les collaborateurs sont poussés à imaginer le futur de l'entreprise et du monde, bien qu'ils soient soumis aux mêmes contraintes, échéances et objectifs drastiques que d'autres entreprises du secteur. Cette approche du monde s'incarne dans des locaux organiques, ludiques, occupés jour et nuit par une population d'employés surqualifiés mais à l'allure de post-adolescents.

Ces incarnations physiques et spatiales sont toutes les deux parfaites, non pas parce qu'elles sont parfaites, mais parce qu'elles sont **en adéquation avec la vision et la culture de l'entreprise, de son mode d'organisation, de la proposition de valeurs aux clients, à la marque employeur, en bref à sa vie.**

La mission du concepteur de ces lieux rejoint un peu celle de l'urbaniste : comprendre l'organisation, dans ses spécificités, ses atouts et ses défaillances pour proposer une réponse architecturale et fonctionnelle qui permette l'harmonie, la convivialité et l'efficacité de cette nouvelle « *work-force* » à l'œuvre.

PRIMEXIS

« Construire un collectif numérique »

Primexis, cabinet de conseil opérationnel et d'expertise comptable spécialisée, compte 300 salariés dans ses bureaux de La Défense. Le cabinet accompagne essentiellement des grandes entreprises françaises et internationales dans la production de leurs comptes, leur *reporting*, et leur stratégie financière. Plus de la moitié des collaborateurs sont des consultants qui interviennent directement chez les clients, et se rendent au bureau pour faire le point de temps à autre, lors des réunions de département par exemple. Ce sont souvent des spécialistes très pointus sur des sujets comptables ou financiers. Leur jeunesse et la spécialisation de leurs compétences font d'eux des personnes très adaptables, mais également très mobiles, dans un marché du recrutement très tendu et à *turn-over* important.

Un lounge «comme à la maison», assez grand et attractif pour que tous se retrouvent là spontanément.

«Au-delà d'un changement de locaux, pour gagner en espace et en agrément, nous avons vu dans ce déménagement une occasion de changer notre façon de travailler. Nous voulions revoir nos espaces et nos modes de travail, digitaliser notre activité et offrir à nos collaborateurs une bonne raison de nous rejoindre et de rester», explique Sébastien Courbe, directeur général de Primexis.

Le cabinet a sollicité CDB dès la recherche immobilière. «C'est la meilleure manière de faire, remarque Jean de Dreuille, chargé du projet chez CDB. Nous avons pu choisir ensemble les espaces les mieux adaptés à leur projet sans devoir contraindre le résultat à un bâtiment précis. Après avoir envisagé un retour à Paris *intra-muros*, qui se serait avéré très coûteux, Primexis est resté à La Défense, dans un immeuble à haute qualité de services. La Défense, longtemps critiquée pour sa froideur, a beaucoup gagné en convivialité et en services ces dernières années.»

DES «PRIM'OFFICERS» POUR PARTICIPER À LA CONCEPTION

Primexis a associé ses collaborateurs à la conception du projet dès le départ. La direction a donc commencé par organiser une campagne d'information, pour expliquer comment participer, et a lancé un appel à candidatures. Les vingt-cinq personnes retenues, représentatives de toutes les activités du cabinet et de tous les grades, se sont réparties en binômes, pour assurer une présence régulière d'au moins un des deux membres du binôme à tous les ateliers, sans devoir trop contraindre leurs activités professionnelles habituelles.

Au cours d'un premier atelier, les «Prim'Officers» ont analysé leurs habitudes de travail et l'évolution qu'ils souhaitaient leur imprimer: quand travaillent-ils individuellement, collectivement? À quelle fréquence sont-ils présents dans les bureaux? Les collaborateurs ont expliqué leur métier et leurs besoins aux conseillers de CDB. «Cette phase est essentielle pour que les conseillers comprennent bien notre métier, mais aussi pour que tout le monde s'approprie le projet», précise Sébastien Courbe. Les «Prim'Officers» étaient chargés de préparer chaque atelier en amont avec leurs collègues, de faire remonter leurs avis aux réunions, et de les tenir au courant des décisions prises. Ces moments d'échange créent des liens et permettent d'apaiser les tensions. «Les collaborateurs étaient dans une démarche très constructive», confirme Jean de Dreuille. «Leur âge et leur métier font d'eux des personnes très nomades, habituées à travailler dans des espaces flexibles et dynamiques. Le sujet du *flex office* a été facile à intégrer avec eux. La clef du succès est de proposer une grande variété d'espaces et de modes de travail.»

Quand le deuxième atelier a eu lieu, les nouveaux locaux avaient été choisis. Les collaborateurs ont réfléchi à l'organisation des équipes et aux espaces de travail. «Nos jeunes consultants étaient très enthousiastes à l'idée du changement. Et grâce au temps passé chez nos clients, ils ont apporté beaucoup de nouvelles idées. D'autres, plus installés dans leurs habitudes, avaient plus besoin d'être convaincus.» Au cours de cet atelier, les deux grandes transformations ont été abordées: les locaux et les outils informatiques.

NOUVEAUX ESPACES, NOUVEAUX OUTILS

Le déménagement a été l'occasion de changer de méthodes de travail, en numérisant les documents et tous les processus d'échange et de validation. La majorité des collaborateurs étaient déjà mobiles, fréquemment en déplacement chez les clients. Avec le passage en *flex office*, il n'était de toute façon plus question de se servir d'ordinateurs et de téléphones fixes. Si les sédentaires pouvaient encore utiliser des stations de travail fixes, tous les consultants avaient besoin d'un ordinateur et d'un téléphone portables, et d'outils informatiques adaptés pour travailler ensemble d'un endroit à l'autre.
«La numérisation et la digitalisation sont des chantiers à part entière, qu'il faut conduire en parallèle», assure Sébastien Courbe. «Pour éviter que tout ne change d'un coup, nous avons

Les bureaux comptent plus de salles de réunions fermées que la moyenne, pour accueillir clients et partenaires. Chacune a son identité visuelle bien à part.

mis tous les nouveaux outils en place quelques semaines avant de déménager. Cela nous a également évité de devoir déménager de nombreuses archives papier et leurs armoires de stockage…» La capacité de stockage de Primexis a été réduite par cinq. Les quelques armoires restantes sont quasi vides.

UNE NOUVELLE AMBIANCE DE TRAVAIL

Les salariés ont donné leur avis sur la décoration des locaux au cours d'un troisième atelier. Ils n'ont pas choisi le mobilier ou le design final, mais ont réagi à des propositions d'atmosphères. «Le grand changement est d'avoir enfin sur un plateau unique de 2 600 mètres carrés des locaux ouverts et lumineux, libérés des amoncellements de papiers et des armoires qui débordaient», remarque Sébastien Courbe.

La numérisation a fait une grande part du travail, le *flex office* a fait le reste: puisque chaque collaborateur doit libérer son bureau en fin de journée, les dossiers ne traînent plus dans les espaces.

La grande crainte des salariés, dans des bureaux ouverts, portait sur les nuisances sonores. Pour les éviter, des solutions antibruit ont été conçues dans les bureaux, et les plans comportent de nombreuses salles d'entretien individuel et des salles de réunions. «Le respect des règles de vie est essentiel pour éviter les nuisances sonores», ajoute Sébastien Courbe. «Nous avons beau savoir qu'il faut aller dans un box pour discuter entre collègues ou passer des coups de téléphone, tout le monde peut l'oublier. Il faut donc faire beaucoup de pédagogie au départ.»

Vingt associés et directeurs, qui passent la majeure partie de leur temps en entretien, ainsi que certaines fonctions sensibles, comme les ressources humaines, ont gardé des bureaux individuels. Les bureaux des managers sont placés dans l'*open space*, mais dotés de plus d'espace afin que leurs collaborateurs puissent venir s'asseoir à leurs côtés pour parler de leur travail en cours.

Le vaste espace *lounge* des nouveaux locaux a permis de fédérer les équipes, auparavant dispersées sur plusieurs plateaux. C'est un lieu où l'on peut se croiser, boire un café et apprendre les dernières nouvelles du cabinet et des projets de chacun. «Nos locaux sont beaux et lumineux, et ça change tout», conclut Sébastien Courbe. «Nous avons investi dans des postes de travail de bonne qualité. L'ensemble donne une excellente image quand nos jeunes recrues viennent passer des entretiens. Et nous donnons envie aux consultants nomades de revenir au bureau.»

TEMPS INDIVIDUELS, TEMPS COLLECTIFS

Les différents lieux de travail structurent également la journée, entre temps de concentration assis à un poste de travail et espaces collaboratifs, dotés d'une connexion et d'écrans destinés à partager ses outils de travail. «Le temps individuel comme le temps collectif ont gagné en qualité», remarque Sébastien Courbe. «On sait qu'on peut se concentrer totalement à un poste de travail silencieux et, à l'inverse, laisser aller sa créativité dans les espaces collaboratifs.»

Les postes de travail ont été dotés d'un deuxième écran pour que les documents de travail soient facilement consultables sans avoir à les imprimer. De vingt-cinq grosses imprimantes réseau assorties d'une bonne vingtaine d'imprimantes individuelles, Primexis est passé à cinq imprimantes multifonctions. «Chacun voulait son imprimante individuelle au départ», remarque Sébastien Courbe. «Nous avons traduit la consommation de papier en nombre d'arbres abattus pour pousser à la réflexion. Un changement, ça se communique.»

Le sujet du télétravail a été abordé au cours des ateliers de préparation, et mis en place quelques mois avant le déménagement avec des modulations importantes selon les profils de poste: de jeunes parents en poste sédentaire, par exemple, ont demandé à travailler jusqu'à trois jours par semaine chez eux. En revanche, les jeunes collaborateurs sont encadrés de plus près. Tous partagent les mêmes outils numérisés, à la maison ou en *flex office*: tous les documents de travail sont désormais accessibles en ligne.

«Le projet est arrivé à un moment où nous souhaitions changer nos méthodes de travail: dématérialiser nos supports, accélérer certains processus et trouver de nouveaux modes de collaboration», rappelle Sébastien Courbe. «Nous avons compris que le collaboratif ne se résume pas au présentiel. Un déménagement est un investissement conséquent: il était hors de question d'investir dans des solutions et des agencements sans anticiper ces changements.»

LE RÉSULTAT

Une multitude d'espaces pour une multitude d'usages.

Les nombreux espaces collaboratifs pour deux, trois, quatre personnes, se différencient par leur mobilier, et font varier les postures.

UNE VISION QUI ENGAGE LES COLLABORATEURS

La nouvelle force de travail à l'œuvre aujourd'hui éprouve d'autres aspirations que les générations précédentes, et il est essentiel que la vision de leur entreprise en tienne compte. Nous qui écrivons ce livre avons grandi dans les années 1980. Les Trente Glorieuses étaient terminées. Nous avons fait nos études au milieu d'usines qui fermaient et de salves de licenciements, et soutenu nos masters auprès de professeurs qui nous disaient qu'il n'y aurait pas de travail à la sortie. La seule solution était de bien se former pour espérer le Graal : décrocher un CDI. Une fois ce privilège obtenu, il fallait y aller, montrer qu'on était dynamiques, volontaires, investis, surinvestis. Notre boulimie au travail reflétait notre angoisse du chômage.

Les nouvelles générations ont plus peur du changement climatique que du chômage. Leurs préoccupations dépassent les seules questions financières, et se tournent vers les grands enjeux sociaux et leur qualité de vie. Elles ont besoin de trouver du sens à ce qu'elles produisent, en phase avec un monde qui doit changer. Et elles sont, comme on l'a vu au chapitre précédent, dotées de plus d'indépendance – et d'une pression qui prend une autre forme – que celles qui les ont précédées.

UNE RAISON D'ÊTRE…

Les entreprises qui réussissent le mieux ont compris vers quoi leurs consommateurs ont envie d'aller. Elles anticipent les tendances sociales de demain. De plus en plus de grands patrons, aux commandes d'entreprises pourtant bien établies, ont compris que leurs consommateurs avaient soif d'autre chose que de produits standardisés. Et si elles arrivent à engager leurs collaborateurs, qui sont leur première richesse, c'est parce qu'elles ont compris qu'ils avaient besoin de participer à une aventure plus vaste que le doublement du chiffre d'affaires. Le CEO de Danone, Emmanuel Faber, le dit très simplement dans *Chemins de traverse* (2012) : « Même quand on vend des produits laitiers, les consommateurs et les collaborateurs ont besoin de se rassembler autour de projets nobles. Et la bonne nouvelle, c'est qu'il est possible d'inventer une autre forme de capitalisme, qui fasse partie intégrante, et utile, du monde qui l'entoure. »

Les consommateurs sont de plus en plus sensibles au bilan nutritionnel et environnemental des produits qu'on leur propose. Les surgelés, les produits ultra-transformés et bourrés de produits chimiques font de moins en moins recette. Les consommateurs sont en train de prendre conscience du fait que les entreprises sont allées vers des abus significatifs, dangereux en termes de santé publique, néfastes pour la planète. Les messages d'alerte tournent sur WhatsApp et sur Twitter, et les consommateurs comme les collaborateurs demandent de plus en plus de comptes, ne reculant devant aucune publicité pour obtenir des résultats. Sur Glassdoor, les collaborateurs notent leur entreprise. Ils parlent de la confiance que leur inspire leur management, évaluent leur stratégie et parlent de leur vécu au quotidien. Ils sont les premiers ambassadeurs – et les premiers détracteurs potentiels – de leur entreprise.

En avril 2019, le Parlement français a adopté la loi Pacte, qui change la définition même d'une entreprise à l'article 1833 du Code civil: «La société est gérée dans son intérêt social, en prenant en considération les enjeux sociaux et environnementaux de son activité.» Ce texte confirme un tournant majeur, déjà généralement ressenti: l'entreprise, à l'origine conçue comme un rassemblement d'énergies et de compétences destiné à produire de l'innovation, a été peu à peu dévoyée comme une machine à produire du profit pour quelques actionnaires, oubliant en route clients, collaborateurs et parties prenantes. La loi propose aux entreprises qui le souhaitent de définir une raison d'être, qui sera intégrée à ses statuts et aura une valeur légale opposable. Celles qui veulent aller plus loin peuvent adopter le statut de société à mission, dont la stratégie et les accomplissements seront évalués par un organisme tiers indépendant. Des entreprises comme Danone, la MAIF, Nature & Découvertes ou la CAMIF ont déjà déclaré leur souhait de devenir des sociétés à mission. Par pure philanthropie? Non, pas seulement. Elles ont compris qu'une raison d'être bien définie constituait un levier d'engagement extrêmement puissant auprès de leurs collaborateurs, de leurs clients et de tout leur écosystème.

UNE TRANSPARENCE INÉVITABLE

Puisque toute information peut filtrer à n'importe quel moment, de la part de collaborateurs plus préoccupés de l'avenir commun que de l'approbation de leur chef, autant commencer par faire preuve de plus de transparence. Si cette transparence ne vient pas d'en haut, les collaborateurs s'en chargeront: c'est ainsi que des salariés de l'éditeur de logiciels Salesforce ont pris conscience du fait que les femmes de l'entreprise étaient sous-payées par rapport aux hommes. Ils ont mis en place un projet pour réduire les disparités de rémunération. Le CEO, qui n'était pas à l'origine de cette proposition, a ensuite choisi de communiquer sur l'initiative. Ce qui change, c'est que la communication ne commence pas par un message décrété d'en haut, mais par la mise à jour de mécanismes internes. Ce sont ces mécanismes, et non des slogans publicitaires, qui garantissent la loyauté des consommateurs comme des collaborateurs.

« L'entreprise, à l'origine conçue comme un rassemblement d'énergies et de compétences destiné à produire de l'innovation, a été peu à peu dévoyée comme une machine à produire du profit pour quelques actionnaires, oubliant en route clients, collaborateurs et parties prenantes. »

Il n'est pas nécessaire de lancer de grandes campagnes de communication pour énoncer ce qu'on pourrait qualifier de slogan publicitaire, bien entendu. Il suffit de publier une charte des valeurs qu'on ne se soucie en rien de respecter, comme ce fut le cas chez le courtier en énergie Enron, qui a fait faillite en 2001 à la suite d'opérations spéculatives nocives déguisées en bénéfices comptables par le biais de nombreuses sociétés offshore. La charte de valeurs d'Enron était pourtant un modèle de bonnes intentions : « Nous traitons les autres comme nous aimerions qu'ils nous traitent… Nous ne tolérons pas les comportements abusifs ou irrespectueux. La brutalité, la dureté et l'arrogance n'ont pas leur place chez nous. » L'histoire ne dit pas si le directeur financier a fait preuve de brutalité, mais ses malversations lui ont valu dix ans de prison ferme.

Les entreprises durables ont une vision porteuse de valeurs et de sens qui ne se résume pas à un objectif de croissance chiffré. Et elles l'appliquent. Qu'elles vendent des services, des yaourts ou des boulons, elles se préoccupent de leur place dans le monde et déclinent ces valeurs dans leur comportement commercial et dans leur attitude vis-à-vis de leurs salariés.

DES VALEURS DÉCLINÉES DANS LA CULTURE

Comment faire en sorte que vos valeurs ne se résument pas à de grandes phrases ? Bien sûr, certaines valeurs sont inhérentes à l'entreprise, tandis que d'autres sont souhaitées et rêvées, ce sont celles vers lesquelles on tend. On ne se décrète pas solidaire ou environnementalement responsable du jour au lendemain. Mais ces valeurs prennent sens quand elles imprègnent le quotidien par le biais de la culture.

Une culture se constitue avec le temps, quelles que soient les valeurs placardées au fronton de l'entreprise. Chaque entreprise a la sienne, ancrée dans les comportements quotidiens des managers et de chacun des collaborateurs, dans leur vécu et dans leurs éléments de langage. Nous avons, par exemple, remarqué, chez le courtier en assurances Satec (voir étude de cas chapitre 4) la culture de bienveillance et de solidarité qui imprégnait l'attitude de chacun. Le groupe a grandi, a racheté d'autres structures, et a réussi à étendre aux nouveaux arrivants des relations de travail pacifiées. Nous nous sommes bien rendu compte que ces valeurs faisaient toute la force du groupe, et assureraient son avenir. Cela ne veut pas dire, bien sûr, qu'il n'y a jamais de problèmes ni de conflits, ou que certains *process*, un peu datés, ne doivent pas changer. Mais un chantier de transformation des bureaux doit absolument respecter les valeurs et les comportements qui font l'âme d'une entreprise.

RELEVER LE NEZ DU GUIDON

Il n'est pas toujours évident de mettre des mots sur la raison d'être, les valeurs et la culture d'une entreprise. Il faut bien commencer quelque part : c'est là que l'environnement de travail peut être un levier très puissant pour enclencher la réflexion. C'est le moyen de matérialiser des actions et des rituels au quotidien. Notre travail est de porter un regard exercé, un regard de designer et de conseiller, sur les mécanismes essentiels d'une entreprise. Nous observons les *process* du quotidien, bien sûr, à la lumière du changement de cap que l'entreprise souhaite engager.

«Notre réaménagement en 2016 a été l'occasion de repenser entièrement l'utilisation du papier», déclare ce chef d'entreprise, «et, dans un sens plus large, toute l'organisation du travail, jusque-là très hiérarchisée. Au fond, pourquoi imprimons-nous encore des documents? Annote-t-on mieux un contrat sur papier ou sur un ordinateur? Quand on surligne un document, est-ce vraiment pour en garder trace ou pour en aider la lecture? Le déménagement a été l'occasion de s'interroger sur des pratiques de travail qui ont longtemps été considérées comme des évidences. L'organisation de nos journées et la façon dont nous traitons, classons et partageons les informations font partie de ces réflexes qui méritent d'être remis sur la table de travail.

«Beaucoup de nos notes sur papier finissent à la corbeille, ou perdues dans des armoires d'archives. Pourtant, si une information est vraiment importante, elle sera probablement utile à quelqu'un d'autre. Dans ce cas, elle sera plus facile à retrouver dans un dossier partagé en ligne. Si on est le seul à détenir une information, à quoi sert-elle? Que dit-elle de nos relations entre collègues? À force de travailler à distance, dans d'autres bureaux et en télétravail, les collaborateurs d'une entreprise spécialisée dans l'emballage avaient déjà l'habitude de travailler sur des documents partagés. Il était donc temps de se débarrasser des piles de dossiers une bonne fois pour toutes. Mais ce pas peut être angoissant à franchir face à des habitudes bien ancrées. Cette transformation a eu lieu en même temps qu'un passage en *flex office* et, bien sûr, à une digitalisation complète des dossiers. Elle a été accompagnée de formations digitales et de réflexions sur les processus de validation. Cette question toute simple et concrète a libéré les collaborateurs de *process* anciens pour les ouvrir au changement.»

Cette histoire rappelle la transformation d'une grande compagnie d'énergie, dont les dirigeants ont commencé par se demander où ils souhaiteraient être dans dix ans. Ils se sont rendu compte que leur avenir n'était pas à l'augmentation de la production d'énergie, mais à l'optimisation de sa consommation, puisqu'il est urgent que le monde entier opère une transition énergétique. Ils ont donc réinterrogé leur modèle de croissance: il faut produire une énergie plus verte et encourager les clients à consommer moins et mieux. Leur *business model* allait donc évoluer vers plus de services plutôt que vers un accroissement de la production. Ce but une fois défini, comment y parvenir ? Ils avaient notamment une « Bible » de 400 pages, décrivant les *process* d'action et de validation pour toutes les configurations possibles. Et si c'était par cet objet-là qu'il fallait commencer ? Ils auraient beau développer la vision la plus audacieuse et la plus innovante qui soit, s'ils ne remettaient pas en question ce livre de *process* gravés dans le marbre – et toute l'idéologie de micromanagement qu'elle sous-entendait –, ils ne pourraient pas avancer. La première chose à faire était de libérer les collaborateurs de ce carcan pour qu'ils puissent inventer de nouvelles méthodes de travail. Ils ont pris ces quatre cents pages et les ont résumées en quatre pages de commandements, décrivant la philosophie dans laquelle chaque action devait s'inscrire. Ensuite, libre à chacun de procéder comme bon lui semblait. Ce changement-là, qui affecte les *process* les plus minuscules de l'entreprise, a permis d'en repenser la direction.

« Il faut produire une énergie plus verte et encourager les clients à consommer moins et mieux. Leur *business model* allait donc évoluer vers plus de services plutôt que vers un accroissement de la production. »

Ce principe s'applique quel que soit le *business model* effectif de l'entreprise. Ce n'est pas à nous de juger de ce modèle. Mais si les dirigeants veulent formaliser une promesse à l'intention de leurs collaborateurs, porteuse de sens et de business, nous pouvons mettre en œuvre un certain nombre d'actions pour améliorer l'engagement des collaborateurs, leur coopération au travail, renforcer la culture et, *in fine*, la loyauté et la fiabilité des équipes. Une vision clairement articulée pourra ainsi infuser l'environnement de travail, qui donnera de l'inspiration pour pousser plus loin le message de l'entreprise, et sera un vecteur très fort de l'image employeur.

QU'EST-CE QUE VOUS FAITES, AU JUSTE ?

Le tout est que la raison d'être exprimée soit la bonne. Il y a quatre ans, nous avons travaillé avec Orangina. C'était l'une des premières fois que nous prenions réellement le temps d'enquêter en détail sur l'identité et les valeurs de l'entreprise avant de démarrer notre mission. Lors de nos premières rencontres, nous avons posé une question toute simple… mais riche de questionnements : « Qu'est-ce que vous faites, au juste ? »

Les dirigeants nous ont répondu que leurs valeurs essentielles étaient de veiller à la santé des consommateurs, en réduisant autant que possible la quantité de sucre dans leurs produits, et à leur responsabilité environnementale. Ces préoccupations sont saines, et feront d'Orangina une entreprise durable. Mais elles ne résument pas sa raison d'être. Leurs boissons sont, avant toute chose, un vecteur de plaisir et de convivialité. Il n'y a pas un goûter d'enfants sans Oasis ou Champomy sur les tables. Pas une soirée en boîte de nuit sans Schweppes pour mixer les cocktails. Orangina est avant tout une boisson agréable et impertinente, et ensuite seulement un produit responsable.

Quand nous sommes allés visiter leurs locaux, nous avons constaté que cette raison d'être se déclinait dans la culture du bureau. Les collaborateurs, en T-shirt et baskets, riaient ensemble. Le patron d'alors, Thierry Gaillard, était en jean et bras de chemise. Les murs étaient couverts d'affiches des légendaires campagnes Orangina Rouge (« Mais pourquoi est-il si méchant ? »). Nous avons vu des gens qui aimaient être ensemble, et qui travaillaient mieux dans une ambiance joyeuse. Une fois cette vision et cette culture énoncées avec clarté, nous avons attrapé ces concepts d'originalité, de détente, de plaisir, et conçu les bureaux qui allaient les concrétiser et les renforcer : un espace de convivialité de 350 mètres carrés, où ils pourraient organiser des événements avec leurs partenaires, leurs clients, leurs collaborateurs, et centraliser l'ensemble des énergies de l'entreprise : des bureaux où chacun aurait son espace de travail individuel, mais aussi pléthore de lieux où se réunir de façon informelle. Et même une salle de réunions Gini, à la décoration aussi chaude que leurs publicités.

Le nouvel environnement de travail d'Orangina reflétait leur image à l'extérieur et le mode de travail qui leur ressemblait le mieux. Le tout a été de capter les signaux, même les plus faibles : les attitudes des collaborateurs face à leurs managers, jusqu'à leur posture physique, leurs manières d'interagir. Cette observation s'est avérée indispensable à une conduite du changement réussie, qui permettra au groupe de progresser autour d'une idée commune déclinée dans leur raison d'être, leur culture et leur marque.

LA MARQUE EMPLOYEUR : UN MODE DE VIE COMMUN

La marque n'est pas qu'un logo plaqué sur les publicités. C'est aussi une marque employeur, que les collaborateurs doivent percevoir dans les murs où ils évoluent et que les visiteurs doivent pouvoir ressentir dès qu'ils entrent dans les locaux. **L'espace de travail doit être une démonstration permanente de la raison d'être, des compétences et des ambitions d'une entreprise.** Par « marque employeur », nous entendons une manière de créer une relation émotionnelle entre une entreprise et ses collaborateurs qui aille au-delà d'une masse de *process*, de tâches, de postes et de métiers. Cette marque définit la façon dont des collègues se connaissent, se témoignent du respect, se fédèrent autour d'une idée commune et surmontent les difficultés.

Cette marque doit être pérenne et solide. C'est l'image qu'elle laisse à ses collaborateurs au quotidien, et la première impression qu'elle donne à un candidat en entretien de recrutement. Et comme l'a écrit Tonino Benacquista, « la première impression est plus fiable que la deuxième, c'est parce qu'elle est le fruit d'une plus longue expérience »…

« Je suis entrée dans un grand espace ouvert et lumineux, où tout le monde déjeunait ensemble et semblait à l'aise. Quand on cherche un travail, on cherche aussi un mode de vie. »

Quand notre collaboratrice Vanessa Mathieu est arrivée chez nous, elle se rappelle avoir perçu l'ambiance dès ses premiers pas dans les locaux: «Le cabinet de recrutement qui m'avait contactée m'avait parlé de l'échelle familiale de l'entreprise et de la possibilité de se développer, d'apprendre d'autres métiers. J'avais été séduite par cette priorité donnée au savoir-être sur le savoir-faire. Mais ces termes abstraits sont vite oubliés quand on arrive sur le terrain. Je suis entrée dans un grand espace ouvert et lumineux, où tout le monde déjeunait ensemble et semblait à l'aise. Quand on cherche un travail, on cherche aussi un mode de vie.» L'espace physique n'est que rarement un critère de choix en tant que tel; mais l'atmosphère qu'il facilite est, elle, capitale. Nous allons le voir: un environnement de travail est un puissant catalyseur d'une vision, et de la marque employeur qu'elle sous-tend.

FINICIATIVAS

«Notre déménagement a amorcé une phase de transformation profonde de notre entreprise. Et ce n'est pas un hasard», assure François Le Jeune, directeur général de F Iniciativas France. Cette société de conseil en financement de l'innovation, née en Espagne il y a vingt ans, compte désormais plus de mille collaborateurs dans neuf pays. Elle est implantée dans huit villes de France. Le réaménagement du siège français, situé à La Défense, a démarré en septembre 2016, pour une entrée dans les locaux un an plus tard. Il a permis de porter la vision que ses dirigeants avaient d'une entreprise agile, ouverte et innovante.

« Nous avons décloisonné notre état d'esprit. »

INVESTIR POUR PORTER UNE VISION

«L'image de nos locaux est d'autant plus importante que nous vendons de la matière grise, et pas des produits physiques. Nos locaux présentent notre identité à nos clients. Ils sont rassurés sur le sérieux de notre entreprise, et notre projet les inspire, au point que beaucoup ont envisagé la même chose chez eux. Ces locaux ont contribué à l'identité du groupe», remarque François Le Jeune.

Une ambiance industrielle, faite de matériaux nobles et naturels, qui reflète à la fois la rigueur… et l'esprit décalé et innovant des consultants.

Cette identité se décline également en interne: les nouveaux bureaux devaient porter l'innovation, l'agilité et la coopération. «Nous n'avons pas eu à convaincre les dirigeants de F Iniciativas qu'aménager un espace de travail, ce n'était pas que de l'immobilier et de la décoration», note Cécile Tourneboeuf, consultante ayant participé au projet chez CDB. «On touche à l'image, à l'organisation du travail, au rapport aux visiteurs, à l'innovation… et même, plus en amont, aux valeurs et à l'ambition de l'entreprise.»

Un changement aussi profond a nécessité un investissement financier, de temps et d'énergie. Au-delà du volet patrimonial nécessaire au rassemblement de trois plateaux jusque-là séparés, la reprise des surfaces, l'infrastructure, le mobilier, ont représenté un travail conséquent. «Au départ, j'ai dû convaincre mes associés», se souvient François Le Jeune. «Mais c'est comme une usine qui investit dans de nouvelles machines: ces locaux sont notre outil de production. Il est donc indispensable qu'ils soient beaux, agréables, et conçus ensemble. En facilitant les interactions, ils nous rendent plus agiles et plus dynamiques.»

UN VECTEUR MAJEUR DE LA MARQUE EMPLOYEUR

Pour concevoir les locaux de F Iniciativas, l'équipe a compris la nécessité d'attirer et de garder des ingénieurs qualifiés, dans un secteur de consultants où le *turn-over* est très élevé: «En termes de recrutement, F Iniciativas se place sur un créneau de niche: personne ne reçoit de formation de base pour devenir financier de l'innovation», analyse-t-elle. «F Iniciativas recrute des ingénieurs, physiciens, chimistes, techniciens, et se charge de les former à la fiscalité et au conseil, qui peuvent sembler un peu austères quand on s'est rêvé astronaute ou inventeur», pointe-t-elle. Le *turn-over*, de 15 % au moment du chantier, était plus bas que la moyenne du marché ; mais ce taux est déjà conséquent quand on connaît le temps de formation nécessaire à chaque nouvel arrivant. Pour François Le Jeune, le choix était vite fait : «Je préfère investir dans des locaux stimulants et attractifs, dans une organisation qui autorise le télétravail, le développement et l'épanouissement de chacun, que de devoir financer un *turn-over* élevé et des recrutements et des formations sans fin. Un environnement de travail agréable est un vecteur majeur de la marque employeur.»

Les locaux concrétisent la marque employeur : cela ne signifie pas que celle-ci doit être statique. «Nous sommes en train de faire évoluer notre *business model*», précise François Le Jeune. «Jusqu'ici, le crédit d'impôt recherche constituait l'essentiel de notre activité. Mais nous proposons maintenant des stratégies de management de l'innovation, des méthodes pour dynamiser la R&D. Nous sommes également entrés dans le sujet de la fiscalité de la propriété intellectuelle. Nous restons dans notre métier de l'innovation, mais nous allons plus loin : nous avons recruté des docteurs en intelligence artificielle. Cela demande à tout le monde de sortir des processus industriels bien huilés que nous suivions jusque-là pour co-construire avec nous cette transformation.»

«Quand on décloisonne les locaux, on décloisonne les équipes, et on décloisonne l'état d'esprit collectif et individuel. Cela permet d'engager un processus de transformation.» Le réaménagement a permis d'organiser des réunions très rapidement, de rassembler facilement trente ou quarante collaborateurs autour d'un projet commun : des méthodes qui stimulent l'émergence et le pilotage d'un projet interne. «Dès le début du chantier, nous avons voulu déverrouiller le fonctionnement des équipes. Nous avons vite vu à quel point ce réaménagement pourrait impacter l'organisation de notre travail.»

CO-CONSTRUCTION DES LOCAUX : PARLER PEU, ÉCOUTER BEAUCOUP

«La co-construction est dans notre ADN depuis la fondation de l'entreprise», insiste François Le Jeune. «À commencer par les locaux, qui ont nécessité de remettre notre fonctionnement en cause, en profondeur.» L'équipe de CDB a donc lancé un

Au centre des locaux, la cafétéria s'ouvre sur un grand espace collaboratif, transformable en auditorium. Ce lieu est devenu un espace de créativité, adapté à la nouvelle offre d'accompagnement à l'innovation de F Iniciativas.

Le système hybride, fait de 70 % de flex office *et de 30 % de postes attribués, a rallié les suffrages. Ceux qui souhaitent s'asseoir presque toujours au même endroit sont libres de le faire, la seule contrainte étant de nettoyer son bureau chaque soir. Les locaux comptent désormais huit postes pour dix personnes.*

processus de consultation complet. Il a commencé par un questionnaire transmis à tous les collaborateurs, qui annonçait que l'espace de travail serait entièrement repensé, et les interrogeait sur l'adéquation de l'espace de travail avec leurs besoins du moment. «Le questionnaire nous permet de savoir d'où on part», résume Cécile Tournebœuf. «Tout le monde adore telle salle de réunions, tout le monde déteste telle autre, quels points sont clivants. Ils adorent les rangements, mais si on supprime le papier, il va falloir anticiper la transformation.»

Ce questionnaire est suivi d'entretiens de programmation avec tous les managers. Les analystes de CDB écoutent leurs souhaits, leurs priorités et leurs projections pour l'avenir. Ils prêtent attention à leur vocabulaire et à leur gestuelle, qui inspireront le design des locaux. Les détails sur les effectifs et le temps de travail sont traduits en programme d'occupation des espaces, détaillant les mètres carrés d'espace de travail, de réunion, de convivialité. Trois hypothèses de répartition de l'espace sont présentées en ateliers de co-construction, qui rassemble une quinzaine d'«ambassadeurs» des salariés au cours de séances d'une demi-journée.

Le premier atelier, consacré au mode de travail, part du questionnaire et des entretiens: «Tout le monde est-il aligné? Avons-nous oublié des choses? Nous récupérons des informations, bien sûr, mais nous créons tout autant un alignement et une diffusion de la réflexion sur les espaces de travail, auprès d'ambassadeurs qui prennent leur tâche très à cœur. Métier par métier, ils nous racontent leur travail, et ce que les nouveaux locaux peuvent pour eux. Dans ces ateliers, on parle peu et on écoute beaucoup. L'essentiel, c'est d'être très clair sur la zone d'interrogation de cette intelligence collective: si on écoute mais qu'ensuite le patron fait ce qu'il veut, la confiance est perdue.»

C'est l'occasion d'écouter, sans *a priori*, l'avis de chacun sur ce qui fait un bon lieu de travail. Sur une frise temporelle, les ambassadeurs placent les moments de travail en silence, d'échange, de détente, qui rythment leurs journées. La discussion qui suit permet de dire ce qui aurait pu sembler une évidence: les rythmes de travail sont très différents selon les métiers. Quand certains montent des projets tous ensemble, d'autres ont besoin de concentration. Certains fêtent la réussite de la semaine, d'autres sont encore en train d'écrire les comptes-rendus. Les nouveaux bureaux devront donner accès aux bons espaces aux bons moments: pour se réunir, pour passer un coup de téléphone, pour se concentrer au calme. Face à ce constat, le *flex office* s'est présenté comme une bonne solution. Au cours des ateliers différents,

L'espace ainsi gagné a été consacré à des boxes pour les discussions au téléphone avec les clients…

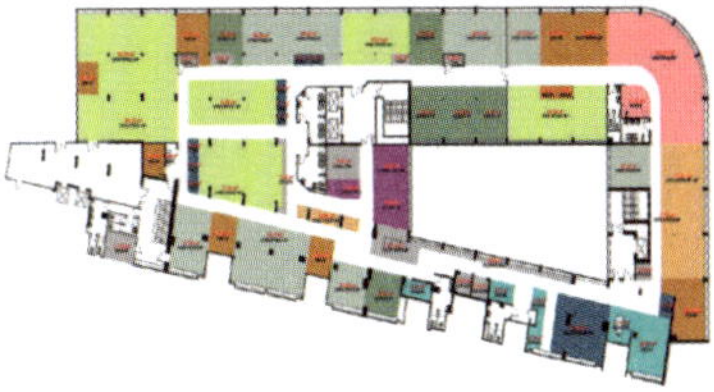

les modèles d'aménagement sont progressivement affinés, associés à des outils digitaux et des règles de vie.

INVESTIR L'ESPACE, OU INVESTIR LES RÉSEAUX HUMAINS

Le principe du *flex office* a été adapté aux besoins de F Iniciativas: la plupart des collaborateurs se sont montrés disposés à se passer de bureaux attribués, mais ils tenaient au confort de leur environnement de travail: la plupart ont besoin d'un double écran et d'une station d'accueil pour leur ordinateur portable. Les équipes de travail formelles se sont scindées, et chacun s'est déplacé dans les locaux, pour s'asseoir aux côtés des personnes qu'il apprécie, ou pour changer au cours de la journée, le matin, dans la cafétéria quand elle est encore calme, l'après-midi dans un box pour se concentrer en silence, le soir à une table de travail classique.

«Les équipes naviguent beaucoup, ce qui peut être perturbant», note François Le Jeune. «J'ai été surpris par le degré de réticence de certains managers: comment vais-je travailler si je n'ai pas mon équipe autour de moi, comment vais-je les suivre? Nous avons dû rappeler qu'on ne construit pas un management sur une notion de contrôle et de proximité, mais d'accompagnement.» La phase de conception a été essentielle pour écouter et désamorcer les inquiétudes. Mais passé l'enthousiasme de l'emménagement dans des locaux tout neufs, les collaborateurs ont dû trouver leur place autrement qu'en investissant l'espace. Une démarche toute naturelle pour certains, mais qui peut s'avérer déroutante pour les plus introvertis. «Certains ont besoin de croiser régulièrement des gens différents, pour développer une nouvelle collaboration, trouver de nouvelles inspirations, changer d'air… Et ça fonctionne bien. Mais si on ne cherche pas d'interactions, on peut vite se retrouver perdu. Le réaménagement des surfaces est allé de pair avec de nouveaux processus RH liés aux processus d'intégration.»

APRÈS LES TRAVAUX, LE CHANGEMENT CONTINUE

Les nouveaux locaux mettent à disposition des espaces de travail libres à toute heure et une grande diversité de formats de réunion, mieux équipés et mieux dimensionnés. Mais le changement est bien loin d'être achevé. Deux ans après l'emménagement, l'acoustique des salles a été reprise, des zones de circulation transformées, une *creative room* a été mise en place. Un nouvel espace de 500 m² au rez-de-chaussée est en cours de préparation, pour laisser la place à plus d'espaces de bureaux aux étages. Le modèle de réaménagement co-construit a été dupliqué dans les locaux de Lille, Toulouse, Lyon, et peut-être bientôt à Nice et à Bordeaux.

«J'avais prévenu Cécile: ce projet ne va jamais s'arrêter. On est très loin du *one shot*», rappelle François Le Jeune. «Le réaménagement passé, l'état de grâce a duré six mois: très vite, de nouvelles habitudes se mettent en place, certains oublient la qualité de leur environnement de travail. Il faut sans cesse revoir sa copie. Le réaménagement des surfaces a porté la transformation de notre stratégie, et la stratégie fait réussir le réaménagement. C'est un cercle vertueux, et nous n'avons pas l'intention d'en sortir.»

LE RÉSULTAT

… des salles de réunions de petit format…

… de grand format…

… ou de détente

LA SINCÉRITÉ, CLÉ D'UNE CONSULTATION RÉUSSIE

La réinvention des locaux de F Iniciativas partait de bureaux très contraints et fractionnés en trois sites distincts, qui avaient chacun leur cafétéria et leur esprit de groupe. Pour réinventer un projet commun au-delà de cette difficulté, la qualité de la consultation a été essentielle : la direction, déjà consciente de l'importance des locaux dans la qualité de vie au travail, s'est montrée réellement prête à écouter ses salariés avant de décider de l'aménagement. La zone d'interrogation a été clairement définie : les collaborateurs ont su précisément quels sujets étaient ouverts à la consultation et lesquels ne l'étaient pas. Ce point est essentiel pour que les collaborateurs, enthousiastes à l'idée d'entrer dans de meilleurs locaux, sentent que leur avis est réellement pris en compte et que le temps consacré aux ateliers et aux réunions préparatoires n'est pas du temps perdu.

Cet esprit d'écoute a permis de surmonter les craintes qu'avaient certains de perdre leur « territoire » en passant d'un bureau fixe au *flex office*, et de faire preuve de souplesse : le *flex office* n'a pas été imposé à ceux pour qui le projet n'était pas adapté.

4

LE CONTEXTE AUGMENTÉ

C'est décidé, on déménage. Et ce déménagement (ou ce réaménagement) sera l'occasion d'une transformation en profondeur de l'entreprise. Pour qui lançons-nous ce changement ? Pour l'avenir de notre entreprise en tant qu'entité, bien entendu, mais surtout pour nos collaborateurs. Ne nous méprenons pas, nous ne cherchons pas à passer pour des philanthropes ; comme nous l'avons vu précédemment, **des collaborateurs épanouis sont la plus grande richesse d'une entreprise.**

Si l'on ne parle que de tendances de décoration, on passe à côté de l'essentiel. Quand nous avons transformé CDB, que nous avons fait de cette boîte de travaux une société qui pense l'organisation de l'entreprise, nous sommes partis de notre expérience vécue. C'est l'expérience émotionnelle, partagée avec le client, qui a donné du sens à notre métier. Notre sens a longtemps été de faire bien, efficace, beau et pas cher. Mais il a changé. Notre sens, désormais, c'est de **concevoir des espaces où les individus se développent, et forment un collectif qui va quelque part.** Nous ne sommes pas partis d'une théorie, mais de notre expérience pratique, de ce que chacun de nous a vécu, de ce que nos clients nous ont dit de leurs réussites et de leurs échecs. Petit à petit, nous avons remonté le fil de leurs expériences pour arriver à une approche structurante. Cette approche n'est pas dénuée de théorie, bien sûr : elle a réintégré l'outil managérial et sociologique dans un vécu qui est celui de l'entreprise. Nous avons appréhendé le management dans son sens global : pas seulement hiérarchique, mais dans la définition d'un mode de vie commun, qui influe sur la perception de chaque individu dans l'organisation et de son comportement.

Le vécu de l'entreprise est celui de ses collaborateurs. Tout le but de l'environnement de travail est de les aider à améliorer leur bien-être, leur capacité à communiquer, leur performance et leurs capacités cognitives. La façon dont on conçoit cet environnement aura une influence sur leur capacité à réfléchir, à structurer leur travail et leurs relations personnelles. Ils se positionneront parmi les autres en fonction de leur personnalité. Dans des lieux qui leur correspondent, ils pourront donner le meilleur de leur réflexion et cultiver des liens positifs avec les autres. Leur engagement passera par la convivialité et leur bien-être.

DES BUREAUX CONFORTABLES (ET TANT PIS POUR LE BABY-FOOT)

Nous nous méfions pourtant beaucoup du terme de « bien-être », galvaudé dans les entreprises les plus cyniques. Qu'est-ce que des bureaux où on se sente bien, au fond ? Un Baby-foot dans un coin, une *happy hour* à 21 h 30 à laquelle on est obligé d'assister sous peine d'être accusé de manquer d'esprit d'équipe, des pizzas à disposition histoire d'être sûr de ne jamais quitter le bureau ? Nous comprenons le constat du livre de Julia de Funès et Nicolas Bouzou, *La Comédie (in)humaine*[1]. Un *chief happiness officer* ne résoudra jamais les problèmes structurels d'une entreprise foncièrement indifférente à ses collaborateurs. Mais ce livre-là ne détient pas toute la vérité non plus. En général, nous nous méfions de toutes les réponses catégoriques : nous préférons écouter **ce que les utilisateurs eux-mêmes ont à dire**.

À les entendre, nous avons appris qu'ils n'avaient pas forcément envie de passer des heures à traîner devant une tasse de café (même si c'est du très bon café). La plupart des collaborateurs ont envie de lieux qui leur permettent de bien faire leur travail, dans des conditions confortables, et de garder une place pour leur vie privée. Ils veulent s'accomplir dans leur métier, et personne ne s'accomplit devant un Baby-foot de bureau. En effet, un Baby-foot (ou une salle de yoga, son nouvel avatar), isolé au fond du couloir, n'aura pas l'effet escompté, parce qu'il ne remplace pas la vision globale d'un projet d'aménagement. Il ne favorise pas les déplacements, les opportunités de collaboration, les échanges, les changements de posture. Il ne reflétera pas la préoccupation sincère, quotidienne, pour le développement des collaborateurs.

Bien entendu, un changement bien compris commencera par les bases. Des choses très simples, sans lesquelles l'inconfort est patent. Des toilettes propres, du vrai café, des bureaux qui ne soient pas saturés de monde. **Un bon environnement de travail répond d'abord aux besoins primaires :** est-ce que je trouve mes repères ? Est-ce que je suis confortablement assis ? Est-ce que j'ai à boire ? Est-ce que j'ai accès aux toilettes ? Avant même de parler de conditions exceptionnelles, il faut déjà avoir une connexion Wi-Fi

1 Éd. de l'Observatoire, 2018.

qui fonctionne et ne pas mettre une heure à brancher le système de vidéoconférence. Avant toute chose, les irritants doivent être supprimés.

> **« La plupart des collaborateurs ont envie de lieux qui leur permettent de bien faire leur travail, dans des conditions confortables, et de garder une place pour leur vie privée. Ils veulent s'accomplir dans leur métier, et personne ne s'accomplit devant un Baby-foot de bureau. »**

Les collaborateurs ont besoin d'être dans les bonnes conditions pour faire ce qu'ils ont à faire. On ne court pas le marathon en tongs. Et on ne peut pas demander à des gens de travailler intensément, efficacement, dans la bonne humeur, sans leur offrir une forme de bien-être et d'harmonie sur leur lieu de travail. Nous oserons le terme d'« hédonisme au travail ». Loin de l'image de philosophes en train de se gaver de grappes de raisin allongés sur des divans, la notion évoque une parfaite adéquation des lieux avec nos besoins : une chaise de bonne qualité, bien positionnée ; des espaces adéquats pour se concentrer, d'autres pour collaborer, d'autres pour parler. Une fois que ces trois gammes d'espaces sont à disposition, on peut passer à une transformation beaucoup plus profonde.

UN CONTEXTE CULTUREL

L'expression de « contexte culturel » nous vient d'Edward T. Hall, un sociologue américain des années 1960. Il est parti à la rencontre de nombreuses cultures du monde entier, avant de théoriser la psychologie environnementale. Il a démontré scientifiquement son intuition que le contexte dans lequel on vit a une influence déterminante sur qui on est, la manière dont notre société est organisée et la manière dont nous nous comportons, comment nous anticipons le futur, comment nous réagissons aux situations de plaisir ou de stress. L'espace que chacun de nous a besoin de maintenir autour de lui pour se sentir à l'aise, par exemple, varie sensiblement selon qu'on a grandi aux États-Unis ou au Japon. C'est la notion d'espace personnel qu'il a développée dans *La Dimension cachée*[2] : chaque civilisation a sa manière de concevoir les déplacements du corps, l'agencement des maisons, les conditions de la conversation, les frontières de l'intimité. Cette notion s'étend aux espaces de travail et aux problématiques de flux urbain.

Le monde de l'entreprise n'échappe pas à cette approche : le bâtiment, les personnes qu'on y croise et le bagage qu'elles y apportent, ainsi que la philosophie du fondateur de l'entreprise, font partie du contexte. Elles fabriquent un état d'esprit général, qui va véhiculer dans le temps le contexte culturel de l'entreprise. Et l'environnement architectural, avec ses cloisons, ses murs, ses circulations, la place plus ou moins grande qu'il donne aux espaces de circulation, aux moments de concentration ou de convivialité, aura une influence directe sur le comportement de l'utilisateur. Le contexte augmenté reflète l'état d'esprit dans lequel l'entreprise veut inscrire ses collaborateurs. Ceux de chez Google n'ont pas, collectivement, le même style que ceux de la BNP. **L'environnement doit coller à la culture de l'entreprise**. Il porte une signature collective, autour de laquelle l'entreprise peut se rassembler.

Il existe un point commun à tous ces contextes : la nécessité d'innover. Si on a une idée aujourd'hui, il est fort probable que d'autres, dans le monde, aient la même, le même jour. Il y a ceux qui vont la publier sur les réseaux sociaux, ceux qui en feront un projet qui n'ira pas très loin, et quelques-uns qui vont monter un **business model** pour en faire quelque chose. Les autres acteurs de l'écosystème doivent réagir vite. Il est vital, pour la survie d'une entreprise dans un contexte compétitif, qu'elle favorise les comportements d'innovation dans sa structure.

Entrons dans le détail de ce que le contexte augmenté signifie pour les collaborateurs. Ce terme générique regroupe une grande diversité de boîtes à

2 Seuil, rééd. 2014.

outils destinées à servir un projet d'entreprise : du collaboratif, du très agile, du *flex office*. Il y aura très probablement des bureaux calmes pour favoriser la concentration, des salles de créativité... Autant de scénographies différentes qu'il y a de configurations de travail et d'individus différents, avec leurs besoins bien particuliers.

DÉVELOPPER CHAQUE INDIVIDU

Un contexte bien conçu tiendra compte de la personnalité de chacun. Par exemple, si une salle de réunions est accolée à un espace de discussion, chacun pourra prolonger la réunion par des échanges informels. Là, il sera libre de moduler la distance d'interaction avec les personnes qui l'entourent. Les plus extravertis occuperont l'ensemble de l'espace sans aucune difficulté, et converseront avec l'ensemble des gens présents. Les plus introvertis chercheront la proximité avec leur interlocuteur, pour tester sa réaction, et seront plus à l'aise autour d'une petite table haute qui facilite les tête-à-tête. Une salle de discussion bien faite permettra à chacun de s'exprimer dans des contextes variés et de donner ses pleines capacités d'échange et d'émulation.

L'environnement doit être favorable au développement cognitif des collaborateurs, selon certaines logiques communes à tous les êtres humains. Nous savons que la présence de plantes vertes favorise la concentration et diminue la tension artérielle. Comme elles, nous avons besoin de lumière naturelle pour nous épanouir. Notre posture physique variera fortement d'une assise à l'autre, elle sera décontractée sur des banquettes destinées aux échanges informels, beaucoup plus stricte dans une salle de réunions aux chaises hautes. Chacun adapte sa gestuelle, son comportement, à la culture de son entreprise et à la configuration de son environnement de travail : on gesticule dans un café, beaucoup moins dans une salle de réunions formelle.

Pour écrire un e-mail, il me faut mon ordinateur et une table. Certains préféreront être assis dans un contexte très énergisant, entourés de monde. D'autres auront besoin de se mettre à l'écart pour se concentrer, peut-être même dans un lieu sombre éclairé par un point lumineux focalisé sur le travail à accomplir. D'autres encore ont besoin d'une atmosphère de bibliothèque, qui respire la connaissance et la concentration.

Le but du contexte augmenté est de **fournir autant de contextes favorisant l'accomplissement de l'individu qu'il a de modèles de fonctionnement.** Comme on ne choisit pas le même restaurant pour un dîner romantique ou entre amis, pour une réunion, on choisit l'endroit où on se sent le mieux, et dont on pense que l'espace, l'assise, la scénographie, vont générer la meilleure interaction avec les personnes qui nous entourent. Comme dans un restaurant, **on choisit un lieu de travail en fonction de l'expérience qu'on souhaite vivre**, ou faire vivre aux personnes qu'on reçoit. L'espace augmenté permet de faire vivre une expérience particulière à ses hôtes. Les différentes possibilités suivent une gradation qui va de la plus grande convivialité à la concentration totale. De lieux effervescents, bruyants, débordants de vie, où il peut se passer beaucoup de choses, jusqu'à des lieux très isolés qui me permettent de m'enfermer dans une bulle.

Pour une grande compagnie d'assurances, nous avons conçu un vaste plateau de travail commun pour 200 personnes, qui offre près de 120 situations de travail différentes : des postes de travail organisés en *squads* pour chaque *business unit*, assortis d'espaces collaboratifs classiques, convergeant autour de noyaux de *coworking*. Ces noyaux constituent des espaces intermédiaires, vases communicants destinés à la collaboration entre différents services. Chacun des 1 600 collaborateurs peut choisir de s'asseoir au milieu de son *squad* ou de se mélanger aux autres équipes, choisissant parmi une grande diversité d'assises, hautes ou basses, droites ou relaxées, autour de tables avec ou sans roulettes, classiques ou improbables. Des tableaux dynamiques renseignent sur l'occupation des espaces et permettent de choisir sa place sans inquiétude. Il est fascinant d'observer qui choisit quel espace, en fonction de ce qu'il a à faire, de son état d'esprit, et des personnes avec lesquelles il va dialoguer.

UNE EXPÉRIENCE EMPLOYÉ TRANSFORMATRICE

Le principe de l'« expérience employé », sur lequel nous nous appuyons, est issu de celui de l'expérience client. Tout comme un responsable de l'« expérience utilisateur » retracera toutes les interactions entre une marque et le client, du début à la fin de la relation, un bon consultant redéfinira le parcours du collaborateur et toutes ses interactions avec le lieu physique, les installations informatiques, et son management. On s'intéressera tour à tour aux cinq leviers d'une expérience employé réussie tels que les a étudiés notre partenaire WorkinProgress.

L'EXPÉRIENCE EMPLOYÉ SELON WORKINPROGRESS

Le travail de chacun doit trouver un environnement physique, digital et serviciel : physique, pour la localisation des bureaux, le bâtiment lui-même, le mobilier et les lieux de circulation qu'il offre ; digital, pour offrir les outils numériques qui faciliteront les interactions : et serviciel, qui offrira le support quotidien dont chacun a besoin. Ces trois éléments sont à la base d'un travail confortable. L'environnement physique est, bien sûr, la partie émergée de l'iceberg, le plus coûteux et le plus visible des trois. On supprimera les irritants : réunions interminables et mal organisées, objets agaçants. Les ordinateurs sont là pour nous débarrasser des tâches ingrates. Ces trois éléments sont au service des deux autres : l'environnement organisationnel, d'une part – structuration du travail et répartition des responsabilités, mode agile et encouragement de la créativité –, et l'environnement culturel et managérial, d'autre part, qui favorisera la bienveillance et le droit à l'erreur.

OBSERVER ET ÉCOUTER

En effet, un environnement de travail est la somme très complexe d'un bâtiment, placé dans un quartier, dans une ville ; de flux de circulation entre les étages et les différentes zones de travail ; d'espaces de travail proprement dits ; de la décoration et du mobilier de ces espaces. Les possibilités sont infinies. Pour choisir la meilleure configuration, nos architectes et nos consultants commencent par chercher les signaux faibles qui **identifieront la culture de l'entreprise.** Comment chacun se tient, se déplace. Les codes vestimentaires. Tiens, dans cette société de conseil, les murs sont couverts de chapeaux que les consultants ramènent de voyage. On observe le bruit dans l'*open space*, l'attitude corporelle de chacun dans les salles de réunion. Cette culture et ces choix individuels seront codifiés dans le nouvel espace de travail.

Les ateliers de consultation ou de co-construction que nous organisons avec les collaborateurs sont l'occasion d'en savoir plus. Nous ne leur demandons pas de quoi ils ont besoin (au risque d'entendre qu'ils veulent deux fenêtres à leur bureau individuel), mais plutôt ce qu'ils font. Avec qui travaillez-vous ?

À deux, à dix, à quinze ? «J'ai besoin de confidentialité», cela signifie-t-il que vous avez des contraintes légales à respecter ou que vous voulez simplement qu'on vous laisse tranquille ? Quand vous téléphonez, s'agit-il de tête à tête avec un client qui ne prévient pas, ou de *conf calls* planifiés à quatre ou plus ? Ces deux manières de téléphoner nécessiteront des espaces différents.

«Il faut donc faciliter l'adhésion au système de valeurs et souder le groupe pour faire face ensemble aux obstacles de la vie au travail.»

Le planning de chacun est un outil clé pour entrer dans l'intimité de l'entreprise, dans son fonctionnement quotidien au-delà de l'implicite. Nous écoutons les salariés nous raconter comment, le vendredi soir, certains fêtent les succès de la semaine, dérangeant ceux qui ont encore besoin de se concentrer pour finir leurs comptes-rendus. En comprenant ce que chacun fait tous les jours, nous pouvons définir des profils d'activités : plus sédentaires, plus communicatives, plus coordinatrices, et les bons endroits pour les exercer. Nos logiciels permettent de combiner ces informations pour concevoir le zoning des nouveaux locaux.

Nous nous appuyons sur ces informations très objectives que sont les plannings et zonings, et moins objectives, comme nos ressentis sur l'atmosphère et les relations humaines, pour concevoir des locaux propices au travail intelligent et aux échanges. Le processus même de consultation et de co-construction préfigure des relations humaines moins rigides, où l'innovation est permise. Ainsi sommes-nous revenus un jour visiter des locaux dans lesquels nous avions conçu un beau *pool* de travail, avec sa salle de réunions attenante. Nous avons trouvé une salle de réunions dévastée. Les collaborateurs avaient remodulé tout leur espace de travail. Ils avaient replacé leur traceur et leur imprimante 3D, récupéré un canapé en trop dans la cafétéria pour bricoler un petit salon et un espace de créativité où ils avaient affiché tous leurs projets. Ils avaient fabriqué un nouvel espace d'innovation. Une telle initiative avait été permise par le mobilier, facilement déplaçable. Par une organisation qui ne nécessitait pas de remplir un formulaire de demande en trois exemplaires auprès des services généraux. Mais aussi, par un processus de co-construction des locaux au cours duquel les collaborateurs s'étaient approprié leurs propres locaux pour en tirer la disposition la plus favorable à un travail fructueux.

PLACER L'INDIVIDU DANS UN COLLECTIF

Ce processus de transformation est puissant parce qu'il replace l'individu dans un collectif. Quand on a autant de possibilités d'espaces à sa disposition, il serait dommage de dépenser tant d'argent à refaire les bureaux si c'est pour aligner tout le monde côte à côte, assis de la même manière, sans en retirer d'autre valeur d'usage. Cela reviendrait à passer à côté de la transformation majeure que l'environnement peut apporter aux méthodes de travail.

L'entreprise même la mieux managée du monde reste un lieu où on est soumis au stress : on a des délais à tenir, des problèmes à résoudre, des interactions pas toujours simples avec ses collègues. Il faut donc faciliter l'adhésion au système de valeurs et souder le groupe pour faire face ensemble aux obstacles de la vie au travail. La transformation en elle-même peut également être vécue comme une crise : un changement aussi radical des méthodes de travail et des repères quotidiens peut s'avérer fondamentalement perturbant. Elle en vaut la peine si elle stimule et stabilise suffisamment le groupe pour lui permettre d'inventer l'avenir. Mais c'est là, dans les moments de crise transformationnelle, ou dans celles du quotidien, qu'opère ce qui fait la clé d'une entreprise : le collectif.

Le but de la transformation est de permettre aux managers de s'essayer à de nouvelles manières de faire, en valorisant l'autonomie de leurs collaborateurs et les interactions horizontales. **Comment des cloisons et des circulations peuvent-elles favoriser la bienveillance ?** En créant de la convivialité, en facilitant les liens sociaux et en offrant des opportunités d'échange. Le bien-être de l'individu passe par le collectif, et c'est ce collectif qui permettra à l'entreprise de faire circuler les idées et les informations avec fluidité, d'innover, et donc de réussir.

La culture d'une entreprise est faite d'habitudes : certaines sont précieuses, quand elles cultivent une bienveillance et une solidarité devenues rares chez beaucoup de courtiers en assurances. D'autres doivent changer, comme l'addiction au papier et aux bureaux individuels, si on veut adapter l'entreprise à un marché qui change vite.

«La Satec», comme l'appellent toujours les plus anciens, a grandi depuis les années 1970 en rachetant, entre autres, des cabinets de courtiers en assurances. À chaque achat est arrivée une nouvelle équipe avec ses réflexes bien à elle. Des commerciaux d'assurances pour les cafetiers et la restauration, par exemple, très indépendants et habiles à cultiver une relation individuelle avec leurs clients ; des spécialistes de la construction, installés à Asnières, qui se sentaient souvent exclus des décisions prises par le siège historique du huitième arrondissement de Paris.

SATEC

« Se réinventer sans perdre la bienveillance »

Pour éviter que les collaborateurs ne soient déroutés par le flex office, *l'espace de chaque équipe a été soigneusement délimité.*

«En grandissant, il a bien fallu se structurer», remarque Audrey Eberhardt, DRH du groupe Satec. «Il y a encore cinq ans, nous n'avions pas de service RH ni de service marketing. Tout l'enjeu était de se moderniser en se structurant, de se doter d'outils pour penser à l'avenir, sans perdre cette fameuse bienveillance qui est au cœur de notre ADN.» Les bureaux parisiens étaient arrivés à saturation: «Quand un nouveau arrivait, nous récupérions un bureau des archives, nous le posions où on pouvait. Nous en étions même arrivés à installer des postes de travail dans les salles de réunions.»

AU PIED DU MUR

«Rien que pour cette question de place, il fallait déménager», résume Audrey Eberhardt. «Mais nous nous sommes rapidement rendu compte qu'il fallait en profiter pour transformer l'entreprise: nous rassembler sur un même site, retrouver de la cohésion entre les différents services, et passer enfin à la dématérialisation. Nous pensions à tort que nous n'étions pas prêts, que cela allait être compliqué. Ce déménagement nous a mis au pied du mur. Satec a fait sa révolution en décembre 2018.»

Cécile Tournebœuf, consultante chez CDB, a commencé par faire ce qu'elle fait le mieux: écouter. «Au fil des entretiens, j'ai découvert une entreprise à la logique très douce, qui rachetait sans agressivité des sociétés à la culture proche de la sienne. Une grande sérénité régnait dans les locaux, le *turn-over* était bas.» L'enjeu était de définir une identité de groupe sur le nouveau site, sans perdre de la bienveillance ambiante. «Le problème, c'est qu'il n'y avait pas de problème», résume Cécile. «Les *process* fonctionnaient bien depuis des années. Quand on leur parlait de transversalité et de dématérialisation, les commerciaux ne s'y opposaient pas, mais ils n'en voyaient pas vraiment l'intérêt.»

Pour mieux savoir quels locaux on veut, il n'y a rien de tel que de trouver de bons exemples.

«Les consultants de CDB nous ont emmenés visiter des sites dans lesquels ils étaient intervenus», se souvient

Audrey Eberhardt. «Nous avons vu des endroits lumineux, dans lesquels nous nous sentions bien. Premier flash: voilà qui change l'image de l'entreprise. Puis nous avons mis des mots sur ce que nous aimions et ce que nous n'aimions pas. Nous souhaitions une décoration à notre image: distinguée et surtout pas clinquante.»

DÉMATÉRIALISER INTELLIGEMMENT

Le premier intérêt des ateliers avec les ambassadeurs a été de faire se croiser des collègues qui ne se connaissaient même pas, de parler, ensemble, des raisons du déménagement – au-delà du simple manque de place, avant d'entrer dans le détail des nouvelles conditions de travail et de la dématérialisation. Quel est votre travail aujourd'hui? Comment effectuez-vous vos tâches? Quelle est votre technique d'archivage? Qu'attendez-vous de votre futur poste de travail? En répondant à ces questions, un cahier des charges s'est construit peu à peu. Les ambassadeurs pro et anti déménagement se sont assis autour de la table et en ont parlé.

Le plus grand changement a été celui des bureaux non attribués. Les managers travaillent désormais au milieu de leurs équipes. «Cela n'a pas été évident pour eux», souligne Audrey Eberhardt. «Pour que chacun commence à penser collectif, on a commencé par des choses toutes bêtes: supprimer les imprimantes et les poubelles individuelles. Nous avons dû réapprendre à nous parler plutôt que d'envoyer un mail.» Les chargés de clientèle ont renoncé à leurs bureaux individuels et ont appris à dialoguer davantage avec leurs collègues.

Pour faciliter la transition, les locaux ont été peu personnalisés, ils sont simples et efficaces. Et pour réussir ce rassemblement des troupes, la convivialité des espaces allait être essentielle. Les consultants ont remarqué l'importance des pots, des chouquettes et des anniversaires, à l'échelle des petites équipes. Le nouveau site devrait offrir la même convivialité, mais à plus grande échelle.

APPRENDRE À QUITTER SON BUREAU

Les sondages qui ont suivi le chantier l'ont bien montré: les nouveaux plateaux procuraient une grande fierté à leurs utilisateurs. Les pots et les événements se multipliaient dans le vaste *lounge*, transformable en espace de conférences. «Le tout était de sauter le pas», sourit Audrey Eberhardt. «Les jeunes recrues sont très enthousiastes lorsqu'elles se présentent chez nous, et cela a donné un coup de *peps* à tout le monde.»

La dématérialisation est désormais un fait accompli. Bien sûr, des ajustements restent à faire – comme toujours. Pour rassurer les équipes sur l'installation en *flex*, la direction avait fait installer un bureau par personne, non attribué, ainsi qu'un bon nombre d'armoires. «Avec le recul, nous pensons que nous avons installé trop de bureaux, et depuis que nous sommes passés aussi au télétravail, beaucoup d'entre eux sont inoccupés. Et… nous avons trop d'armoires, maintenant qu'il n'y a plus de papier.»

Peu à peu, les collaborateurs s'approprient les *phone box* et les bulles qui permettent de téléphoner au calme, hors du plateau. «Que va penser mon manager si je quitte mon poste de travail?» La question a souvent été posée les premiers jours, puis de moins en moins souvent. Pour les espaces avec canapés et assises confortables toujours déserts, il va falloir que le changement culturel évolue encore. C'est progressivement aussi que des managers apprennent à partager leurs pratiques. «Cette façon de travailler est nouvelle, mais elle a déjà fait ses preuves. Car nous avons enfin les locaux qui nous le permettent», conclut Audrey Eberhardt.

LE RÉSULTAT

Le choix du mobilier est de couleurs et légèrement différent d'un espace à l'autre. Les collaborateurs se sont approprié les locaux, rassemblant leurs dossiers, leur décoration… et même parfois les photos des enfants de toute l'équipe.

L'espace ainsi dégagé a permis de créer des salles de réunions de formats divers, en fonction des besoins et de l'identité de chaque spécialité.

Des salles de discussions informelles ou de détente rythment l'espace.

Des salles de réunions modulables permettent aux locaux de s'adapter facilement aux changements de structure et aux évolutions futures des équipes.

L'espace de convivialité commun favorise les rencontres entre des collaborateurs qui se croisaient rarement.

5

JOUER COLLECTIF

Suivez-nous un instant dans cette situation très banale de la vie de bureau : j'ai un message à faire passer à un collègue. Depuis une quinzaine d'années, mon premier réflexe est de lui écrire un e-mail.

Je commence donc par m'interroger sur la meilleure manière de formuler ma requête. Est-ce que je mets son manager en copie ? Si je le fais, est-ce qu'il ou elle va percevoir de la coercition dans ma démarche ? J'y réfléchis un peu. Est-ce que j'associe d'autres personnes au message, quitte à mobiliser trop de monde ? J'y réfléchis encore. Je reprends mon texte pour tenir compte de cette décision. Vingt minutes plus tard, je suis encore attelé à l'écriture de ce qui devait être un message simple. Et on n'a pas encore compté le temps que mon interlocuteur allait prendre à décoder mon message, l'analyser, le comprendre de travers, et se poser lui-même beaucoup de questions avant d'y répondre.

C'est ainsi que l'envoi d'un message simple peut devenir une démarche d'une incroyable complexité. Imaginons-nous maintenant dans un environnement de travail pensé autour de nos usages et de nos activités : je me lève. Rien qu'à marcher dans les couloirs, mon cerveau s'oxygène et mes idées circulent mieux. Je croise d'autres personnes en chemin, je passe d'autres informations. Quand j'arrive au poste de mon collègue, je lui propose un petit point informel dans une bulle à disposition à côté. Tous les documents nécessaires sont faciles d'accès sur la plateforme digitale. Mon langage corporel donne le ton. Le manager de mon collègue, qui est à proximité, peut valider directement notre démarche. Tout cela a pris dix minutes, je me suis dégourdi les jambes, et j'ai créé du lien social au passage.

POURQUOI ALLONS-NOUS ENCORE AU BUREAU ?

Nous vivons à une époque où personne n'a absolument besoin de venir au bureau. Nous travaillons par e-mails, nous échangeons des documents sur le *cloud*, et si l'infrastructure digitale est bien conçue, il est très facile d'organiser des visioconférences pour travailler avec des partenaires au bout du monde. Les informations circulent tout aussi bien depuis Singapour que depuis le fond du couloir. Le travail pourrait tout à fait être fait sans qu'on ne croise jamais en personne. Mais il manquerait quelque chose de vital.

Le collectif est important justement parce que la digitalisation, le *lean* et l'aplanissement de la hiérarchie sont passés par là. Faute de chef qui centralise toutes les informations et toutes les responsabilités, chaque collaborateur est certes beaucoup plus autonome, mais le risque est qu'il se sente également très seul. Dans un monde de travail où chacun poursuit ses projets derrière son écran, il est essentiel de **recréer de la cohésion et la conviction que chacun participe à une aventure commune.** Plus on donne de responsabilités à chaque collaborateur, plus la structure de soutien collectif doit être vigilante et bienveillante.

« Nous vivons à une époque où personne n'a absolument besoin de venir au bureau. Nous travaillons par e-mails, nous échangeons des documents sur le cloud, et si l'infrastructure digitale est bien conçue, il est très facile d'organiser des visioconférences pour travailler avec des partenaires au bout du monde. »

L'entreprise a été traditionnellement conçue comme une succession de lieux cloisonnés. Les *process* industriels bien huilés, qu'il s'agisse de fabriquer des voitures à la chaîne, des contrats d'assurance ou une campagne de communication, laissent peu de place aux échanges informels. Au risque que chaque rouage de la machine, isolé et sous une pression grandissante, ne s'épuise. Pour éviter un *burn-out* généralisé, il faut remettre de la solidarité et de la convivialité dans la chaîne de fabrication. À une époque où plus personne n'a vraiment besoin de venir au bureau pour produire du travail, le bureau devient le lieu vital où l'on reconstruit du collectif, des lieux de chaleur humaine et de solidarité pour compenser une injonction à l'extrême efficacité.

Nous sommes des êtres de chair et de sang. **Nous avons besoin de nous parler, de communiquer, de réfléchir ensemble.** Les bureaux sont encore là parce que nous ne sommes pas des cerveaux purs. Il est donc parfaitement inutile d'en faire des lieux de travail cloisonnés. Au contraire, les bureaux doivent favoriser l'interaction. Savoir fédérer une équipe, c'est savoir faire le lien entre les échanges d'informations dématérialisées et la chaleur humaine, entre l'abstrait et notre vécu. Une entreprise sans lieu manquera d'une communauté réelle.

Au cours de nos ateliers de co-construction des nouveaux espaces, nous percevons la puissance de l'intelligence collective. Des décisions émergent parce que tout le monde se mélange et ose prendre la parole, que son poste soit à la technique ou à la haute direction, à la compta ou à la créa. Nous voyons des collaborateurs qui se croisaient tous les jours s'adresser la parole pour la première fois de leur vie, découvrir les métiers les uns des autres. Il serait fort dommage que ces découvertes et ces échanges d'idées s'arrêtent à un événement particulier. Le but des nouveaux locaux est de faire de ces échanges une nouvelle routine quotidienne.

Nous sommes convaincus qu'un lieu de travail peut contribuer à la reconstitution d'un collectif de travail engagé, solidaire et efficace. Nous nous appuyons sur une équation essentielle : on ne collabore pas bien si on ne se fait pas confiance ; et la confiance se construit avec la convivialité. Cette convivialité dépend de trois aspects, fortement liés entre eux, que nous allons étudier tour à tour : de locaux qui donnent corps à une volonté d'aplanir la hiérarchie ; de parcours bien pensés, qui facilitent le lien social ; et des lieux de rassemblement où on se sente à l'aise.

MANAGER PAR L'ESPACE

Un bon aménagement des lieux peut gommer des problématiques hiérarchiques. C'est une excellente occasion de passer à un management plus horizontal, où les managers sortent d'une posture de contrôle pour devenir des accompagnateurs. L'époque est révolue où la progression hiérarchique se traduisait dans l'espace par un passage du petit bureau en second jour au vaste espace muni de deux fenêtres et d'une porte fermée. Chez F-Iniciativas (voir l'étude de cas au chapitre 3), le directeur général n'a même plus de bureau à lui, et passe ses journées à louvoyer parmi ses collaborateurs. Supprimer les bureaux fermés, engager le *middle management* à s'aventurer au milieu des plateaux, parmi leurs collaborateurs, mène à des interactions beaucoup plus informelles, où les multiples questions quotidiennes se résolvent en quelques échanges. L'aménagement de l'espace constitue un *nudge* fort, qui doit être accompagné par des formations aux managers, des outils digitaux appropriés, et une modification des *process* de validation.

LE *FLEX OFFICE*, CINQ BUREAUX EN UN

Et si, au lieu d'avoir son bureau à soi, on en avait plusieurs ? Il suffit de les partager. La notion de poste de travail non attribué et partagé est née aux Pays-Bas, d'une idée toute simple : au bureau, on ne passe pas sa vie assis derrière son ordinateur. On téléphone, auquel cas on est mieux à l'écart, confortablement assis ; on se réunit, on participe à des visioconférences, on discute de façon informelle, on se documente au calme… Le *flex-office* s'inspire de l'*activity-based working environment*, qui offre un espace différent pour chaque activité. Le résultat, comme dans une colocation en appartement, est d'avoir un peu moins d'espace individuel mais beaucoup plus d'espaces partagés, de nature variée.

Dans un bureau classique, personne n'est assis à son poste la totalité de son temps : les réunions, les déplacements, les congés donnent une multitude de raisons de ne pas occuper son poste. Le fait de les mutualiser permet d'avoir sans difficultés un peu moins de postes que de salariés, et ainsi de gagner d'autant plus d'espaces d'autre nature, à surface égale.

« On n'a plus de gros ordinateurs fixes comme il y a quinze ans ; nos documents sont en ligne, dans le *cloud*. Alors que chez soi, à l'université, en déplacement, on bouge sans arrêt, pourquoi le bureau serait-il le dernier endroit où il faudrait encore se fixer, parfois pendant vingt ans ? », interroge Cécile Tourneboeuf, consultante chez CDB.

Certains trouvent très rassurante l'idée d'un bureau fixe, comme une garantie de leur statut et de leur place dans l'entreprise. « Cela pose la question du rapport à soi et au travail », résume Cécile. « Qu'est-ce qui fait ma valeur au travail ? Est-ce vraiment le fait d'exister physiquement et de prendre de l'espace, avec un grand bureau et un fauteuil en cuir ? De contrôler l'information ? Ou la valeur ajoutée que j'apporte à la société ? En abandonnant le confort rassurant d'un bureau à soi, on gagne le luxe immense d'avoir accès à plusieurs espaces à la fois. »

Bien entendu, tous les métiers ne se prêtent pas au *flex office*. Les activités qui nécessitent de vastes écrans, beaucoup de matériel et de documents papier, auront intérêt à rester fixes. Quitte à être mieux aménagés pour être le point de rendez-vous des autres collègues qu'ils sont souvent. **Un espace bien conçu mêlera intelligemment bureaux fixes et espaces partagés.**

Une fois la hiérarchie aplanie, le parcours du collaborateur dans l'espace peut être conçu en termes de flux de circulation, pour le replacer dans le collectif. Les bureaux sont conçus comme on pense une ville, en créant des circulations qui amènent les équipes à converger vers des lieux d'échange. En sortant de l'ascenseur, on passe devant l'accueil, et on trouve un espace de vie collectif sur le chemin. Dès le matin, on a une occasion de saluer tout le monde, avant même d'avoir une chance d'aller s'enfermer devant sa pile d'e-mails. « Il est urgent d'empêcher tout le monde de travailler », avons-nous assuré en souriant à des clients perplexes : si par « travailler », on entend seulement la concentration en isolation. Les échanges informels sont vitaux pour l'esprit d'équipe et la convivialité. En tombant par hasard sur ses collègues, on se donne des nouvelles des projets en cours ou on leur donne une nouvelle forme, plus efficace. Autant de mails interminables évités. Pour y parvenir, on privilégiera les tables basses et les canapés autour des ascenseurs et des toilettes, lieux de passage obligés. Chaque mètre carré sera mis à profit pour créer des tiers lieux qui favoriseront les échanges.

Les espaces de *flex office* permettent au groupe de travail de se reconfigurer en fonction des projets en cours. S'ils sont bien pensés, et accompagnés avec soin, ils n'ont pas à être des lieux d'anonymat. Les études de cas de ce livre vous montreront de multiples options de personnalisation de l'espace, « territoires d'équipes » agrémentés de tableaux de photos, casiers individuels, souvenirs de voyage ramenés par chacun pour tous, rappelant à tous qu'ici, on joue collectif.

Quand nous sommes retournés chez Orangina, après la transformation de leurs locaux, nous n'avons trouvé personne assis à son poste de travail. Ils étaient tous assis ailleurs : sur les canapés, autour des tables basses, en train de parler des projets en cours ou simplement côte à côte, par affinité, par ambiance de travail. Les dirigeants nous ont confirmé que l'effet collaboratif avait été démultiplié dans l'entreprise, que des services qui ne communiquaient jamais s'étaient mis à échanger des informations. L'organisation de nombreux événements collectifs renforçait cette tendance au resserrement des liens.

RETIRER LES PICS À PIGEONS DES TABOURETS DE BAR

L'un des premiers leviers de la créativité et de l'efficacité est que les collaborateurs prennent plaisir à passer du temps ensemble. Le passage au *flex office* et la suppression des bureaux individuels permettent de gagner beaucoup d'espace, qui pourra être mis à profit pour créer de vastes espaces de convivialité. Pourquoi nous sentons-nous si à l'aise dans certains cafés parisiens ? Pourquoi sont-ils si propices au dialogue ? Dans un café, les codes hiérarchiques sont gommés, les postures deviennent informelles. On s'assied à califourchon sur l'accoudoir du canapé. On mange et on met des miettes partout. On passe devant des collègues assis sur des tabourets hauts et on échange avec des collègues. Les signaux physiques se modifient, les interactions entre individus deviennent radicalement différentes. Chez Satec, la création d'un espace de restauration commun a donné envie à tous de rester déjeuner avec leurs collègues le midi : cela nécessite une pièce vaste et lumineuse où chacun se sente le bienvenu, et non pas surveillé par ses managers.

Bien évidemment, les lieux de convivialité ne fabriquent pas de la bienveillance en entreprise à partir de rien, si les managers n'ont pas envie de l'exercer. Mais ils la permettent. La création d'un espace de convivialité sera inutile si les managers ont les yeux rivés sur leur montre, si un collaborateur fatigué par une nuit blanche ou un dossier à finir n'a pas le droit d'y perdre du temps. Mais si les lieux sont propices à cette bienveillance, la configuration de l'espace permettra d'adapter les comportements. Un client qu'on ne citera pas nous avait suggéré l'installation de pics à pigeons sur les sièges de bar, pour éviter que ses collaborateurs n'y traînent trop. Nous recommandons rigoureusement l'inverse. Des canapés confortables, du café de qualité, des viennoiseries, et l'organisation de tout une série d'événements, conférences, débats, sessions de *buzz* à la pause-déjeuner où chacun peut annoncer ses projets en cours ou ses recherches, professionnelles ou personnelles. Dans les locaux du Club Med, à Lyon, le fond de la cafétéria est aménagé en gradins, qui permettent de rassembler tout le monde pour des sessions plénières et des formations.

« Pourquoi nous sentons-nous si à l'aise dans certains cafés parisiens ? Pourquoi sont-ils si propices au dialogue ? Dans un café, les codes hiérarchiques sont gommés, les postures deviennent informelles. On s'assied à califourchon sur l'accoudoir du canapé. »

UNE BASE CHALEUREUSE POUR TRAVAILLEURS NOMADES

Le temps passé derrière son ordinateur n'est pas le seul vecteur d'isolation des collaborateurs. Dans une entreprise qui compte beaucoup de consultants en déplacement, ou qui encourage beaucoup le télétravail pour faciliter l'adéquation entre vie privée et vie professionnelle, le bureau devient un lieu de destination et non pas d'obligation. On décide de passer au bureau pour croiser ses collègues et se reconnecter physiquement à eux, au-delà de relations par mails ou par téléphone. On y va pour voir des êtres humains et créer du lien social.

« Dans un collectif où on se sent surveillé ou menacé, le réflexe tout naturel sera d'ériger des barrières, de fermer des portes et de défendre son territoire. Des locaux bien conçus permettent tout le contraire : en mettant les collaborateurs à l'aise, en leur autorisant des postures naturelles et des échanges décontractés, ils recréeront du plaisir à échanger, partager, travailler ensemble… »

Nous avons, par exemple, travaillé avec la société de conseil numérique Cognizant, qui compte 70 % de consultants. Leurs anciens bureaux se résumaient à de grands *open spaces* sans âme. Les consultants passaient leur temps dans leur entreprise de mission ou travaillaient chez eux, pour ne revenir au bureau que pour des réunions clés ou des séances de *reporting*. Les nouveaux arrivants peinaient à s'intégrer. Les réseaux se relâchaient, le partage de connaissances perdait en efficacité et, avec lui, la capacité d'innovation et de réaction. Cognizant nous a demandé de travailler à l'attractivité de l'espace de travail pour recréer un collectif. Nous avons d'abord trouvé un immeuble facile d'accès, proche des transports. Puis nous avons construit l'ensemble du projet autour d'un lieu de vie dans l'entreprise : un immense café/coworking qui permettait également d'organiser des événements avec l'ensemble des collaborateurs de l'entreprise. Leurs bureaux sont devenus des lieux où on se rendait avec plaisir, et non pas parce qu'on y était contraint. Peu à peu, de nouveaux rituels se sont mis en place : événements, apéros sur la terrasse. L'événementiel a pris le dessus et, oui, c'était aussi du travail. La configuration spatiale, les harmonies, les ambiances ainsi créées dans ces nouveaux locaux ont donné des coups de pouce à des évolutions comportementales, qui sont aux origines de la conduite du changement. Les postures se sont détendues, les langues se sont déliées. Cognizant a retrouvé des lieux communs, qui ont recréé des liens entre des individus que le quotidien avait tendance à éloigner. Les échanges de bonnes pratiques et la capacité d'innovation ont repris de plus belle.

Il y a mille manières d'investir un espace. Dans un collectif où on se sent surveillé ou menacé, le réflexe tout naturel sera d'ériger des barrières, de fermer des portes et de défendre son territoire. Des locaux bien conçus permettent tout le contraire : en mettant les collaborateurs à l'aise, en leur autorisant des postures naturelles et des échanges décontractés, ils recréeront du plaisir à échanger, partager, travailler ensemble, sans avoir peur du regard des autres. À devenir un membre à part entière d'un biotope singulier, où chacun contribue à l'équilibre de l'écosystème.

CLUB MED

« Un cœur de village à Lyon »

Quand on pense au Club Med, on imagine déjà de fabuleux décors de vacances et des après-midi passés à bronzer sur un transat. Mais pour que les 1,4 million de clients puissent en profiter, 25 000 collaborateurs travaillent en coulisses. Depuis la fondation du groupe, en 1950, on les nomme *Gentils Organisateurs* et *Gentils Employés*. La grande majorité d'entre eux travaille dans les villages de vacances, mais plusieurs centaines sont basés en France. Le site de Lyon rassemble 195 personnes responsables des fonctions supports aux villages : les finances, les ressources humaines et notamment le recrutement des fameux *GO*, et d'autres activités de gestion de l'alimentation, de l'hôtellerie et des loisirs.

«Nos anciens locaux étaient une structure sur plusieurs étages, très cloisonnée. Le bail s'achevait, il fallait de toute façon déménager. Mais c'était le moment: puisque le Club Med accélérait son développement, il était très important pour nous de remettre la coopération et la transversalité au cœur de notre sujet», assure Olivier Bergeret, DRH Europe-Afrique du Club Med. En effet, le Club Med poursuivait sa croissance à l'international, et notamment vers l'Asie, avec l'ouverture de trois à cinq sites par an, et un recentrage stratégique vers des services haut de gamme. «Nous voulions même nous installer sur un seul étage. À Lyon, ce n'était pas possible à moins de s'éloigner du centre-ville. Nous avons compensé cette ambition par un étage dédié à la vie commune.»

CŒUR DE VILLAGE ET CENTRE DE VIE

Pour que le Club Med reste le Club Med – et même dans ses bureaux –, un vrai lieu de convivialité était indispensable. Dans les précédents locaux, les salariés avaient souffert de ne pas avoir de vraie salle où se rassembler et organiser des événements. «On veut pouvoir pousser les meubles pour pouvoir jouer de la guitare», avait expliqué l'un d'entre eux.

«Nous ne voulions pas seulement que nos nouveaux bureaux nous aident à gagner en efficacité, mais aussi qu'ils soient représentatifs des villages dont nous nous occupons», renchérit Priscille Barré, chef du projet de déménagement. La direction a éprouvé un vrai coup de cœur pour un immeuble neuf de bord du Rhône, baigné de soleil, surplombé d'une vaste terrasse. «L'espace le plus noble des locaux, qui est la terrasse, n'est pas destiné à la direction ni même aux bureaux, mais à la vie commune. C'est notre centre de vie, comme dans un village Club Med.»

TRAVAILLER DE PLUS PRÈS, D'UN MÉTIER À L'AUTRE

Le déménagement a été l'occasion de réorganiser le siège, d'une ancienne structure très verticale, par services, vers les lignes de produits: la restauration, les loisirs et l'hôtellerie. «Autour de chaque produit, nous avons rassem-

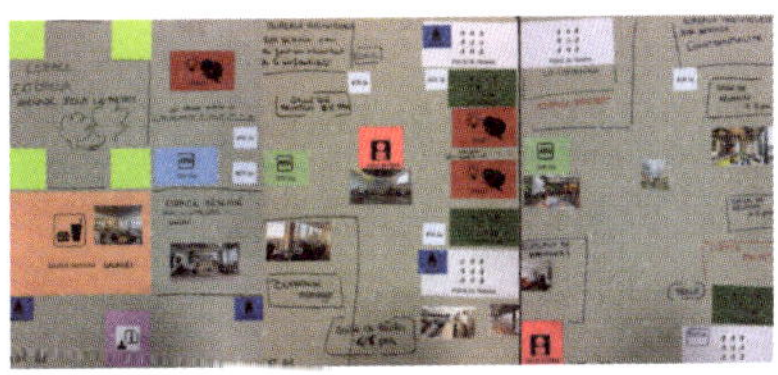

Premier atelier. En petits groupes, les représentants ébauchent un plan de l'espace. Ils y font figurer les espaces adaptés aux différents profils d'activités.

blé des services différents qui collaboraient ensemble, dans des espaces *flex*. Le but du *flex office* n'était pas de gagner des mètres carrés, mais de mieux travailler ensemble et de casser les silos d'équipe», insiste Priscille Barré.

Les espaces *flex* proposent donc des postes classiques, dans des salons, des bulles digitales ou des *plug and play*, qui autorisent toutes les configurations : le travail individuel, en petits groupes ou en équipes plus larges. Le nombre de bureaux individuels, déjà limité dans les anciens locaux, a été divisé par deux. La part de bureaux en *flex office* a été adaptée aux habitudes de travail de chaque équipe : 30 % pour les ressources humaines, par exemple, mais 80 % pour les pôles loisirs, alimentation ou recherche et développement, qui sont très souvent en déplacement dans les villages. Le service financier, sédentaire et contraint par la confidentialité, a gardé des bureaux attribués.

Premier atelier. En petits groupes, les représentants ébauchent un plan de l'espace. Ils y font figurer les espaces adaptés aux différents profils d'activités.

«Nous avons conçu les nouveaux locaux avec les équipes dès le début des aménagements, certes de manière orientée», poursuit Priscille Barré. «Nous avons organisé des ateliers de conception des espaces, choisi les couleurs ensemble. Ce dialogue a été un point clé du succès, pour que chacun se sente concerné dès le départ. Nous avons voulu garder la surprise du résultat final, mais nous leur avons fait des points d'avancement réguliers.»

Chaque équipe a pu prendre le temps de détailler le contenu de ses activités. Le petit bureau du service Boutique, par exemple, qui débordait jusque-là de stocks de vêtements, d'échantillons de crème solaire et d'équipements de sport, a été remplacé par une grande réserve pour stocker le matériel, et par un *showroom* pour le présenter aux GO de passage. Les ateliers de préparation ont également permis d'aller visiter le *showroom* d'un fournisseur de mobilier, pour découvrir les casiers et valisettes destinés à ranger les affaires personnelles, les grandes banquettes et les poufs qui changent les modes d'assise. En plus des postes de travail, les bureaux comportent des *boxes* de travail individuels, des *boxes* de téléphone, des salles de réunions de trois tailles différentes, une salle de créativité et une salle de silence.

GOMMER LES IRRITANTS DE LA VIE EN *FLEX*

Le passage au *flex office* nécessite de renoncer aux vieilles habitudes des bureaux attribués. Les managers se retrouvent sur les plateaux, au milieu de leur équipe. «Nous avions anticipé le fait que le changement ne serait pas évident. Nous nous sommes fait accompagner, avec des formations sur les postures et les langages à adopter quand on manage sur un plateau, en proximité», précise Priscille Barré. «L'ensemble de l'équipe a travaillé à une charte pour bien vivre ensemble dans ces nouveaux espaces. Quand ça grince des dents, on revient à la charte.»

Pour partir d'une bonne base, Priscille Barré a veillé à gommer les irritants qui avaient été signalés dans les bureaux précédents : «Bien vivre en *flex*, ce n'est pas juste avoir un casier et une mallette. Pour des raisons d'hygiène, nous avons prévu un clavier sans fil par personne, et de vrais écrans. L'acoustique a également été un sujet important : nous sommes une équipe multiculturelle, et certains parlent plus fort que les autres ! Nous avons installé des capteurs de son et nous avons travaillé avec un ingénieur acousticien à des panneaux absorbeurs de bruit. Une bonne acoustique dépend autant des installations que de règles de vie bien définies.»

«Enfin, si on veut aller au bout de la transversalité du *flex*, il faut absolument un accompagnement digital adéquat», ajoute Olivier Bergeret. Les installations wifi ont été pensées pour ne pas déconnecter quand chacun se déplace pour aller travailler avec les autres. L'architecture digitale et l'équipement des salles de réunions ont été repensés ensemble. Un *showroom* digital a également été aménagé pour former les GO à l'emploi des équipements et technologies utilisés pour accueillir les vacanciers et gérer les villages.

FACILITER LES RECRUTEMENTS

Au siège du Club Med à Lyon, on passe beaucoup de temps au recrutement et à la formation des nouveaux GO, qu'ils soient animateurs sportifs ou gestionnaires de village. Le siège est un lieu de rencontre, et l'image qu'il donne de l'entreprise est souvent la première que les recrues auront avant de se diriger sur leur lieu de travail quotidien, le village de vacances.

Certains candidats viennent de très loin pour passer des entretiens d'embauche. L'immeuble a été choisi pour sa facilité d'accès depuis l'aéroport et les gares. Les espaces comportent un salon d'attente confortable, ainsi qu'un forum, comportant des gradins où l'on peut participer à de grandes présentations d'entreprises, et des *boxes* pour les entretiens individuels. «Le déroulement de nos recrutements a évolué», précise Olivier Bergeret. «Nous avons développé ce qui peut se faire en visioconférence et par webcam, pour limiter les déplacements en avion tout en préservant l'humanité des échanges. Là encore, la qualité des installations digitales est essentielle.»

GARDER DE LA MARGE POUR LES ÉVOLUTIONS FUTURES

Le siège opérationnel du Club Med à Lyon est un lieu d'atterrissage et de décollage. Des candidats aux postes de GO y découvrent l'atmosphère de travail de l'entreprise; des collaborateurs permanents y passent entre des visites de villages de vacances. Tout l'enjeu était de construire des locaux où l'on se sente bien, partie intégrante d'une vraie équipe, avant de repartir vers de nouvelles aventures.

Les locaux, très ouverts, ont donc été conçus pour que les collègues se croisent souvent et aient envie de se réunir, même de manière informelle. Sur les paliers d'ascenseur, de grandes banquettes permettant les réunions à quatre ont été tout de suite mises à profit par des collègues tout heureux de s'être croisés dans l'ascenseur, et qui prennent le temps de boire un café ensemble pour échanger leurs idées et leurs impressions au retour d'un voyage.

«Les interactions informelles sont beaucoup plus fréquentes qu'auparavant, ce qui a nettement amélioré la productivité», remarque Olivier Bergeret. «Nos collaborateurs déjeunent plus souvent ensemble, maintenant que les espaces de vie commune sont si agréables. Ils se croisent dans les couloirs, et vont se voir pour débloquer une question au lieu d'organiser une réunion. Ainsi, les dossiers avancent bien plus vite.»

Et si c'était à refaire? «On se donnerait encore plus de marge de progression», pointe Priscille Barré. «Il aurait fallu garder encore plus d'espaces flexibles et adaptables à nos nouvelles stratégies. Malgré l'augmentation des rencontres informelles, nous aimerions avoir plus de salles de réunions et de *boxes* pour les entretiens en tête à tête.» La cafétéria, victime de son succès, a déjà dû être agrandie. Le cœur du village est un lieu vibrant d'échanges et de rencontres.

LE RÉSULTAT

La décoration reprend le thème du voyage. Chaque étage est consacré à un continent où le Club Med est implanté: l'Amérique, l'Asie, l'Europe et l'Afrique.

Espaces propices au travail en groupe et à la convivialité. Des gradins accueillent les réunions plénières et les formations.

De gauche à droite et de haut en bas :

Les bureaux sont baignés d'une belle lumière directe, reflétée par le fleuve.

Pour faciliter le passage en flex office *d'une partie des collaborateurs, les espaces de travail sont déclinés en postes classiques et espaces spécifiquement conçus pour le téléphone ou les moments de concentration.*

Réunions connectées et visioconférences facilitent les réunions à distance, notamment pour les entretiens de recrutement.

Comme à la maison, la salle silence permet de se reposer ou de travailler au calme.

L'un des meilleurs moyens de stimuler l'esprit d'équipe et la transversalité est de concevoir des lieux où l'on ait envie de rester avec ses collègues, le temps d'un déjeuner, d'une pause… ou d'une soirée guitare.

UN BIOTOPE SINGULIER

La plupart d'entre nous passons un bon tiers de nos journées au bureau, parfois plus. Notre lieu de travail devient donc un lieu de vie, centre de nos satisfactions et de nos inquiétudes personnelles et, comme on l'a vu au chapitre précédent, lieu essentiel d'interactions sociales et de création de collectif. Nous sommes des êtres physiques, matériels et sensibles. À ce titre, notre environnement est important. C'est le lieu où on se concentre et le lieu où on circule, et où nous interagissons avec un nombre de personnes précis. Là où on se sent bien, on est comme dans un poisson dans l'eau, c'est-à-dire comme un élément d'un écosystème, dont les bureaux forment les substrats sur lesquels chacun se développe.

Nous concevons le lieu de travail comme un biotope, du grec ancien *bios*, « la vie », et *topos*, « le lieu », comme l'a théorisé le botaniste britannique Arthur George Tansley[1]. Ce lieu de vie est défini par des caractéristiques physiques et chimiques déterminées, relativement uniformes. En environnement, on dit que le biotope accueille la biocénose : un ensemble d'organismes vivants, flore, faune, champignons et micro-organismes. On théorisera moins ici sur les champignons et les micro-organismes, assez peu sur la flore – même si on reparlera de l'importance de la végétation pour concevoir un lieu de vie agréable. Mais la faune, c'est chacun d'entre nous. Des êtres vivants sensibles qui ont besoin à la fois des autres êtres vivants autour d'eux et d'un substrat propice à leur développement.

Habiter les lieux, c'est à la fois se loger, travailler, étudier, se divertir ; toutes nos activités publiques et intimes sont imbriquées et mobiles. Maintenant que, munis de nos ordinateurs et téléphones portables, nous pouvons travailler n'importe où, les limites entre maison et travail, loisirs et transports sont plus floues. Si nous prenons encore la peine d'aller au bureau, c'est pour y vivre des expériences sensibles, ancrées dans notre écosystème, au rythme de temporalités distinctes.

1 A.G. Tansley (1935), The Use and Abuse of Vegetational Concepts and Terms.

NOTRE RAPPORT AU TEMPS

Si le bureau devient **un lieu de destination et non d'obligation**, il se doit d'encourager les échanges et les interactions et d'être plus agréable à vivre pour fédérer les collaborateurs. Nous vivons en mobilité, dans des espaces partagés : des lieux de vie qui nous ressemblent. Peu importe que l'on parle de génération X, Y, Z ou de *millenials*, contrairement à la génération de nos parents qui cherchaient surtout une bonne situation, nous cherchons un environnement bénéfique, qui nous stimule et où il fasse bon vivre.
Les outils digitaux bien utilisés peuvent nous libérer d'un certain nombre de tâches ingrates et répétitives pour concentrer notre intelligence, individuelle et collective, sur des travaux à plus forte valeur ajoutée. Ils nous permettent également de gagner en flexibilité, en traitant nos dossiers ou en assistant à des réunions à distance afin d'éviter de perdre des heures dans des déplacements épuisants. Mais si le travail se flexibilise, s'étend à des lieux et des plages horaires beaucoup moins normés que les « 9 h-18 h au bureau » de l'entreprise classique, il appelle également à une réflexion de fond sur notre rapport au temps.

« La valeur en entreprise est créée par des temps individuels et des temps collectifs, dont l'alternance est précieuse », rappelle Ghislain Grimm, qui dirige le cabinet de conseil WorkInProgress. « On ne peut pas plaquer un *gimmick*, du type tout collaboratif ou, à l'inverse, tous nomades, tous indépendants, à une entreprise. La fin du salariat n'est pas pour demain. En revanche, il est bon de veiller à la qualité du temps individuel et du temps collectif. » Pour y parvenir, la conception des bureaux n'est pas le seul levier, même s'il est essentiel.

« Pour le temps individuel », explique Ghislain Grimm, « on recrée de l'intimité et des lieux de concentration. Il ne s'agit pas seulement d'un droit à la déconnexion, mais d'une compétence à acquérir, au bureau ou ailleurs : celle de se débrancher des réseaux sociaux pour prendre une feuille blanche, réfléchir, rater son coup, recommencer, revenir à la question centrale. Quant aux temps collectifs, puisqu'ils sont moins nombreux qu'auparavant, ils prennent une valeur incroyable. On peut concevoir des réunions plus efficaces, systématiquement associées à des temps de convivialité. Le talent du manager se mesure à sa capacité à animer ces rencontres, à recréer du lien social, mais aussi à autoriser chacun à parler de ses difficultés et de ses douleurs. Un bon manager saura recréer des temps de réflexion collective et des temps de partage. »

« La valeur en entreprise est créée par des temps individuels et des temps collectifs, dont l'alternance est précieuse. »

Les temps de qualité ainsi conçus, qu'ils soient individuels ou collectifs, ne représentent pas forcément des plages horaires immenses. Mais il est également possible d'étendre l'approche de l'expérience salarié à l'ensemble de nos activités, jusqu'à notre vie privée. C'est le principe du campus, comme celui d'Apple à Cupertino en Californie, où l'on peut vivre, se former, faire du sport et travailler tout à la fois, dans une bulle à l'écart de la ville. Une telle approche permet de créer des liens personnels forts entre les salariés, qui mangent ensemble, partagent leurs loisirs et se connaissent si bien qu'ils gagnent beaucoup en efficacité… au risque de ne jamais se couper réellement du travail, dans une culture de la charrette ou du *crunch* permanent. En France, nous préférons ajouter des aménités à nos lieux de travail, cafétérias ou *lounges* spacieux, espaces de repos ou de loisirs afin d'encourager les collaborateurs à rester pour d'autres moments que ceux du travail pur, comme on l'a vu chez Club Med ou chez Cognizant.

L'idée du *co-living* pousse le concept encore plus loin, en proposant aux collaborateurs de vivre directement sur place. Adam Neumann, fondateur des espaces de *co-working* Wework, a annoncé le lancement d'une offre d'espaces de *co-living* en 2018. Le campus et incubateur Station F lui a emboîté le pas en juin 2019 avec une résidence associée à ses locaux à Paris. L'idée est-elle si neuve que cela ? En la présentant, Adam Neumann a évoqué sa nostalgie du kibboutz dans lequel il avait grandi : « Nos espaces de *co-living* sont une sorte de kibboutz capitaliste », a-t-il plaisanté. Mais les difficultés actuelles de Wework remettent en cause la monétisation de ce type d'utopie.

Après tout, nous avons longtemps habité à l'endroit où nous travaillions. Les artisans et les agriculteurs l'ont toujours fait. À la révolution industrielle, les ouvriers habitaient dans des corons ou des cités ouvrières, et bénéficiaient de nombreux services issus de politiques paternalistes, comme chez Ford ou chez Michelin. Ces politiques d'entreprise ont été critiquées, mais elles ont contribué à la constitution d'un esprit de corps et à une loyauté vis-à-vis de l'entreprise et entre collègues. À une époque où les liens interpersonnels se relâchent, où le lieu de travail n'est plus matériellement incontournable, il faut recréer l'écosystème différemment. Comment ? En s'adaptant au plus près de ce qui fait la singularité de l'entreprise, pour en faire un lieu où les échanges sont fluides, où les accrocs se réparent et se compensent d'eux-mêmes, et ainsi accompagner la transformation de l'entreprise de manière naturelle et organique.

« L'architecte est prié de garder pour lui son orgueil et sa marque personnelle, et de mettre ses compétences au service d'une marque et d'une vision qui ne sont pas les siennes. »

UNE SINGULARITÉ EN TRANSFORMATION

Il n'existe pas de méthode en kit, applicable à toutes les entreprises. Nous l'avons vu au chapitre 3, la transformation se passera bien si elle est mise au service d'une vision claire. Cette vision découle d'une bonne compréhension de la singularité de l'entreprise : ce à quoi nous sommes bons, à nous tous. Ce qui fait notre différence. Notre but, en tant que designers, n'est pas de réinventer une organisation à sa place, mais de mettre en lumière sa transformation par le biais de ses espaces et de son image, afin de rendre tangible ses nouvelles façons de procéder. Quand les clients et collaborateurs entrent dans les locaux, ils doivent percevoir au premier coup d'œil ce que l'entreprise représente, ressentir ses compétences, son ambition, et sa raison d'être. Dès le hall d'accueil, l'espace de travail doit être une démonstration permanente des messages que l'entreprise veut faire passer, et de la qualité de son service.

Ceux qui font appel à nous sentent que leur entreprise est en train de changer. Les jeunes arrivent, la marque employeur prend du poids : ils sentent que les choses bougent, sans forcément parvenir à mettre le doigt dessus. Quand ils découvrent, à nos côtés, l'expérience utilisateur, le *design thinking* et les ateliers de co-construction, leur esprit s'ouvre à de nouvelles manières de concrétiser l'atmosphère qu'ils recherchent. Les expéditions de découverte dans d'autres entreprises sont l'occasion de grands déclics. La transformation des bureaux est l'occasion de repenser l'organisation du travail et des circuits d'information : une *ouverture de chakras*, comme aime à dire Michel Ciucci.

Aider chacun à s'ouvrir l'esprit, puis s'adapter à la culture propre à chaque entreprise : si nous avons une martingale, c'est celle-ci. En effet, le comportement des collaborateurs doit corroborer ce nouvel environnement, sans quoi les lieux risquent de sonner faux : une atmosphère hypocritement relâchée mettrait tout le monde mal à l'aise. Pascal Riggi, notre directeur de l'expérience client et de l'innovation, garde un souvenir cuisant de la présentation d'un nouveau concept chez des clients prospectifs, qui l'avaient assuré que « l'ambiance était très cool ». Il a présenté un projet de lieux pleins d'aménités, avec quelques meubles très ludiques au centre du hall d'accueil. Le jour de la présentation, il s'est retrouvé face à des cadres dirigeants crispés dans leur costume, qui lui ont demandé comment il comptait garantir l'assiduité au travail avec de telles fantaisies.

Cette erreur s'est avérée très formatrice : elle l'a conforté dans sa conviction qu'on n'attend pas d'un cabinet de design le projet de génie de l'année, la signature originale dont tous se souviendront, mais, au contraire, de **se mettre au service d'une culture et d'une singularité existantes.** L'architecte est prié de garder pour lui son orgueil et sa marque personnelle, et de mettre ses compétences au service d'une marque et d'une vision qui ne sont pas les siennes. Pour cette raison, nous commençons par cartographier les méthodes de travail de chacun, les objectifs à moyen et à long terme et les projections sur l'avenir. Le *designer* racontera l'ambition et l'univers de ses clients, pas les siens. La satisfaction ne proviendra pas d'une signature grandiose, mais de collaborateurs bien dans leurs baskets au quotidien : du nombre de sourires au mètre carré, en somme. Les espaces qui y parviennent résultent de longues enquêtes, d'entretiens approfondis auprès des collaborateurs, et d'une écoute sincère de leurs besoins et de leurs ambitions. Cette méthode, appliquée avec bonne volonté, est ce qui fonctionne, et non pas un modèle de bureaux standard. Le projet sur mesure en découlera, et produira des locaux qui ressembleront aux intentions sincères des dirigeants et de leurs collaborateurs.

LA SINCÉRITÉ TRADUITE EN ESPACE

Toute la réussite du projet tient à la sincérité des intentions exprimées par les dirigeants : le changement de la configuration des espaces a une chance d'infléchir les comportements si, et seulement si, le comité de direction exprime une volonté claire de se transformer. En effet, la transformation perturbe de nombreuses routines profondément ancrées ; au-delà de l'effet « wahou » des locaux tout neufs, la transformation produit souvent un certain malaise. Disparus, mon bureau à moi tout seul, ma bouilloire derrière le caisson, la photo de mes enfants soigneusement disposée auprès du clavier. Cette perturbation passagère est un moyen d'assurer la pérennité et le bien-être à long terme, certes, mais elle n'en demeure pas moins un moment délicat à passer. Nous sommes tous capables de certains renoncements à de petits conforts passagers pour le bien-être de l'organisation, par exemple quand nous évitons de prendre trop l'avion pour des raisons environnementales. Mais pour accepter cet effort, il faut qu'on sache que c'est pour une bonne raison, et que cette raison ne changera pas tous les trois jours. Un leadership clair est donc essentiel. Et si ce leadership décide de commencer la transformation par l'écoute des équipes, le mandat qui leur est confié doit être bien clair.

Si les collaborateurs ont leur mot à dire sur la disposition des locaux et la nouvelle organisation du travail, tant mieux ; s'ils sont priés de garder leur avis pour eux et ne sont consultés que sur la couleur du papier peint, ce n'est pas forcément grave, mais le tout est que ce soit clairement dit. Il n'y a rien de pire qu'une consultation de pure forme : si les collaborateurs consacrent du temps et de l'énergie à des ateliers de co-création, il est important qu'ils soient entendus. « L'essentiel, c'est de ne pas raconter d'histoires », assure Ghislain Grimm. « On ne peut pas dire qu'on veut devenir une entreprise collaborative si l'on maintient une organisation très hiérarchique et contrôlante. Si vous voulez être contrôlants, assumez-le sans hypocrisie, et créez un aménagement cohérent avec votre but.» Placer le manager au milieu de ses équipes, dans un espace ouvert, tout en maintenant une organisation de contrôle strict revient à créer un panopticon des temps modernes, comme le dispositif de surveillance des prisons théorisé par Jeremy Bentham. Si les plus jeunes subissent les souffrances de la *staff room* en attendant le jour béni où ils auront leur bureau individuel, il vaut peut-être mieux changer le système avant de leur retirer ce dernier espoir. De même, si les jours de télétravail sont toujours dénigrés comme des jours de semi-congé, il ne faudra pas s'étonner de voir les collaborateurs choisir les emplacements de l'*open space* les plus visibles de leur manager, puisque la culture du «présentiel» est toujours d'actualité.

Les lieux ne produiront pas le changement à rebours de la culture de l'organisation. Ils ne seront réussis que s'ils servent de substrat à un écosystème harmonieux, et dont les interactions évoluent de manière naturelle et organique, sans force artificielle. Une organisation est comme une colonie de coraux. Ils ont beau avoir tous le même ADN au sein d'une même entité, ils s'adaptent en fonction de leur environnement extérieur: la salinité et les nutriments présents dans l'eau pour les coraux, les phases de croissance, de crise, de sortie de crise ou d'innovation pour une entreprise. Notre mission est d'aider, par le substrat matériel, ce biotope à évoluer, à s'adapter et à anticiper les évolutions de son écosystème. Ce rapport au temps, essentiel dans notre approche, fera l'objet du chapitre suivant.

Bonduelle Fresh est la tête de pont de l'évolution du groupe français Bonduelle vers une nouvelle identité de «référent mondial du bien-vivre par l'alimentation végétale». Loin de se résumer aux légumes en conserve, elle prône une alimentation saine et réaffirme sa responsabilité sociale et environnementale, en visant notamment une future labellisation «B-Corp»[1]. Les huit usines européennes de Bonduelle Fresh emploient 1200 personnes à la préparation de salades en sachet et salades traiteur, pour un chiffre d'affaires de 437 millions d'euros. Cent dix personnes travaillent au siège près de Lyon.

1 Communauté d'entreprises souhaitant réaffirmer leur mission sociétale, lancée aux États-Unis en 2006.

BONDUELLE FRESH

« Laisser entrer la nature »

Quand ils se tournent vers CDB, en octobre 2016, les dirigeants savent qu'ils veulent des locaux où les salariés se sentiront bien, où ils auront envie de venir travailler, mais ils n'ont pas d'idée préconçue sur la meilleure manière de matérialiser leur souhait. Le nouveau siège devra refléter les valeurs historiques du groupe: simplicité, praticité, intégrité et souci de l'homme, mais également véhiculer le dynamisme, la préoccupation pour le développement durable, et une identité «Fresh» bien à elle, empreinte de nature et de végétation.

Les anciens locaux cumulaient les défauts : vieillots, bruyants, ils manquaient d'espaces transversaux, de lieux où se réunir et collaborer. La plupart des salariés allaient manger à l'extérieur faute d'une cafétéria accueillante. Tout était donc à réinventer. Mais comment?

Fédérer les équipes. Le nouveau siège devra fédérer toutes les équipes autour d'une identité commune et stable. Il offrira des espaces transversaux, pour que la communication soit

La nature est placée au centre, dès l'atrium : une idée venue d'un voyage d'inspiration chez un fournisseur de mobilier. L'escalier central, de couleur très vive dans les premières versions du projet, a gagné en sobriété au fil des réflexions.

plus fluide et rapide. Des espaces collectifs renforceront la cohésion et l'esprit d'équipe.

Naturalité et végétal. Le nouveau bâtiment sera respectueux de l'environnement et baignera dans la lumière naturelle. La décoration sera colorée, reflétant l'audace de la nouvelle marque. Elle portera des références au végétal et à la nature.

Quelle ouverture? Il est clair qu'il faut décloisonner les espaces pour faciliter la communication et le partage entre les services. Mais comment faire en sorte que chacun garde son espace à soi, où il se sente à sa place, et puisse se concentrer à l'abri du bruit?

Le nouveau siège de Bonduelle Fresh est une construction nouvelle, imaginée à partir de zéro par le promoteur immobilier. Pour CDB, c'était l'occasion rêvée de travailler en partenariat étroit avec le promoteur et ainsi imaginer, dès la construction du gros œuvre, l'architecture d'intérieur la mieux adaptée. Nous avons pu imaginer l'emplacement des escaliers, la conformation des salles et la luminosité de l'ensemble en fonction des souhaits de Bonduelle. L'isolation phonique, qui fait souvent défaut dans les bâtiments plus anciens et nécessite des travaux coûteux, a été intégrée dès le départ dans la conception du bâtiment.

Le grand enjeu des nouveaux locaux a été la transformation de l'environnement de travail des bureaux individuels en espaces ouverts et partagés. Les salariés étaient heureux de déménager dans des locaux plus confortables, mais plusieurs d'entre eux se sont inquiétés de leurs nouvelles conditions de travail. Pour que la transition se passe au mieux, une bonne communication interne est indispensable. La direction a non seulement consulté les collaborateurs, mais elle a également appris à transmettre un maximum d'informations au fil du processus. Les salariés ont demandé à être informés des décisions prises à la suite des ateliers de consultation. Le dialogue a été conforté lors des finitions, où les salariés ont été très impliqués dans la mise en place de la signalétique et de la conciergerie. Ils ont ainsi pu prendre possession de leurs nouveaux locaux avec enthousiasme.

Du renouveau sans brutalité. Le changement ne doit pas obliger les salariés à déménager ou à transformer trop radicalement leurs habitudes. La plupart des collaborateurs travaillent chez Bonduelle depuis le début de leur carrière et se sont installés près de leur lieu de travail. Il faut donc rester dans la même zone géographique afin d'éviter de perturber les habitudes de déplacement. Le changement vers des espaces ouverts devra également être accompagné avec soin.

Comme aucun bâtiment existant ne correspond au cahier des charges, Bonduelle s'est lancée dans la construction d'un bâtiment neuf. Nous avons donc travaillé avec le promoteur à la conception d'un bâtiment sur mesure, labellisé «Haute qualité environnementale», à Genas, dans la banlieue lyonnaise. Les locaux de 2 600 m2 accueillent 110 postes de travail à l'inauguration, et pourront s'adapter à un effectif de 120 à 150 personnes.

Les travaux ont duré deux ans, d'octobre 2016 à octobre 2018. Dès le début du chantier, nous avons mis en place des ateliers de concertation avec les collaborateurs pour s'assurer de leur adhésion au projet. En collaborant avec le promoteur dès la construction du bâtiment, nous avons pu proposer des solutions adaptées au fonctionnement des futurs bureaux, comme un deuxième escalier pour faciliter la circulation, une isolation phonique et des revêtements de sol de qualité.

L'espace est ouvert, mais divisé par des claustras de bois doublées de tissu acoustique à mi-hauteur. Chaque plateau est associé à une saison, qu'on retrouve dans le choix des couleurs du mobilier et des claustras.

TROIS PROFILS DE POSTES

La consultation a commencé par une quinzaine d'entretiens avec les directeurs de service, pour comprendre comment ils voient leurs équipes et ce qu'ils envisagent pour le futur. Un premier atelier avec des représentants des collaborateurs permet de faire l'état des lieux des locaux existants. Ils évoquent les nuisances sonores, le chauffage déficient, le manque d'espace pour se réunir et collaborer. Ils souhaitent du renouveau, plus d'ouverture, et un esprit très nature : leurs souhaits rejoignent globalement le cadrage de la direction.

La description de la journée de travail de chacun nous permet de dégager trois profils de collaborateurs :

- les consultants, aux métiers plus créatifs. Ils souhaitent des espaces pour s'isoler ou travailler à deux ou trois, mais aussi des espaces de réunion conviviaux et des espaces créatifs, permettant le *brainstorming* ;
- les commerciaux, plus nomades. Ils envisagent un espace ouvert par équipe, avec une salle de réunions commune, et beaucoup d'espaces collaboratifs. Et pourquoi pas une salle de dégustation, un laboratoire, des balançoires… ;
- les fonctions supports, plus sédentaires. Ils imaginent un grand espace clair et lumineux, fait de matériaux naturels, accueillant et coloré, sans oublier l'histoire de l'entreprise. Ils auront besoin de bureaux individuels pour garantir la confidentialité de leur travail.

Certains espaces, comme une agora permettant de rassembler toute l'entreprise, et une terrasse sur le toit, rallient les suffrages de tous.

En parallèle de ce premier atelier, le chantier a commencé. Nous avons créé le premier *macrozoning*, répartissant les différents services dans les plans des locaux. Une dizaine de versions de ce document se sont succédé au fil de la réflexion.

Les espaces collaboratifs. Au cours du second atelier, les représentants ont décrit les salles de réunions et les équipements dont ils avaient besoin pour travailler au mieux, comme de petites bulles pour téléphoner au calme et des salles de réunions d'équipe au rez-de-chaussée et au premier étage. Le deuxième étage est devenu l'espace collaboratif, avec une grande terrasse extérieure, une cafétéria, et les grandes salles de réunions.

Un *microzoning* plus précis a détaillé l'aménagement de chaque espace, dont le mobilier a été présenté au cours d'un troisième atelier. Les travaux d'aménagement intérieur ont ainsi pu se dérouler en parallèle des finitions du bâtiment. Pour finir, des groupes de projet en interne ont conçu la signalétique des locaux et des services de conciergerie. Ils ont imaginé une conciergerie solidaire, permettant le retour à l'emploi de personnes en difficulté, qui propose, entre autres services, la livraison de paniers de légumes bio. Fraîcheur et nature, comme les valeurs de départ. Quant à l'humour et à l'esprit décalé, les salariés les ont incarnés dans les noms de salles de réunions : *Ail* have a dream, *Persil* et signe, *Navet* pas compris, *Chou'*d I stay or *chou'*d I go, ou encore *Mâche* à l'ombre…

CONSTRUIRE L'ACCEPTATION DU CHANGEMENT

Face à un cahier des charges qui prévoit des bureaux ouverts, certains salariés se sont inquiétés pour leur capacité de concentration et leur intimité. À quoi bon concevoir des locaux plus calmes et mieux insonorisés si c'est pour devoir partager l'espace avec des collègues qui parlent, téléphonent, se déplacent alors qu'on a besoin d'être au calme ?

« Dans tout projet de transformation, il y a une phase d'acceptation » : Aurore Marain, consultante chez CDB, le sait d'expérience. « Il n'y a pas un moment précis où on fait partir les craintes. Mais le temps et l'acculturation font avancer les choses. Au début, tout le monde est inquiet à l'idée d'un grand changement, quoi qu'on dise. Puis on en reparle, au fil des visites et des présentations d'aménagement. On écoute leurs craintes et on propose des solutions. Il a fallu le temps de cette année et demie de préparation et de dialogue pour que l'aménagement se passe bien. »

Les représentants des salariés sont partis en voyage d'inspiration dans plusieurs autres entreprises qui avaient bien conçu leurs bureaux ouverts, et notamment le showroom du fournisseur de mobilier Apsi, conçu autour d'un arbre central. Au fil des visites, les salariés ont compris qu'un lieu de travail n'était pas juste une pièce fermée. Aux bureaux ouverts s'ajoutent des salles de réunions de différentes formes, des cabines pour téléphoner, des espaces de détente. À force de comparaison, les représentants ont pu déterminer jusqu'où ils étaient prêts

à aller dans l'ouverture des locaux. Pas jusqu'au *flex office*, comme chez CDB ou F-Iniciativas (voir chapitre 3), mais ils ont apprécié l'idée d'avoir accès à des espaces plus variés.

« Quand on travaille avec le promoteur dès la construction du bâtiment, il est plus simple de mettre en place les solutions qui assureront le calme et l'intimité dans des bureaux ouverts », assure Aurore. Les claustras en lamage bois, associées à un tissu acoustique jusqu'à 1,50 m de hauteur et à des caissons hauts, séparent les services, mais permettent au regard de porter loin. Les salles de réunions ont été placées au centre du bâtiment pour mieux rythmer l'espace. « On évite ainsi d'avoir un plateau immense », résume Aurore Marain. « On tourne autour de l'ilôt central des salles de réunions, qui réduit le bruit et répartit les services. »

Répondre aux inquiétudes. « Quand on fait déménager des gens, on change leurs habitudes. Et tout changement d'habitude implique des craintes », rappelle Aurore Marain. « Mon temps de trajet va-t-il se rallonger ? Mon fonctionnement au travail va-t-il changer ? Chacun porte en soi ces inquiétudes qui créent du mouvement dans les équipes. Si la direction ne communique pas, des rumeurs circulent, au risque de détruire le projet. Il est donc essentiel que la direction explique le *pourquoi* de ses décisions, et précise bien ce qu'elle compte faire des résultats des consultations auprès des salariés. »

Ci-contre en haut : Pour retrouver un esprit naturel, la moquette des circulations est verte comme de l'herbe, et celle des bureaux couleur terre.

Ci-contre en bas : À l'entrée de chaque plateau, un petit salon accueille réunions informelles et petits-déjeuners d'équipe, pour rassembler le groupe sans avoir à monter à la cafétéria du deuxième étage.

LA RÉSULTAT

Des espaces de réunions variés

La cafétéria est assez vaste pour accueillir tous les collaborateurs en plénière. Le mobilier est modulable pour différents événements.

7

LIEUX DE TRAVAIL EN ÉVOLUTION

Nos lieux de vie, et donc nos lieux de travail, évoluent avec nous. L'entreprise vit, évolue, se transforme, grandit ou se réduit, et ses bureaux aussi. Il se passe pourtant quelque chose d'étrange quand un aménagement est fait ou un bâtiment inauguré : nous nous comportons tous comme s'il avait été construit pour l'éternité. Les murs de placo se transforment en murs porteurs, les espaces se figent et les meubles impriment leur marque, indélébile, sur la moquette. Il est vrai que le terme « immobilier » est trompeur. En anglais, *real estate* rend peut-être mieux grâce à ce qui est notre réalité quotidienne. Quoi de plus « réel » que ces lieux que nous habitons et qui vivent avec nous.

Il n'est pas nécessaire d'attendre d'être forcé à déménager pour ajuster l'espace et l'organisation. Un espace de travail peut être reconfiguré, repensé, redécoupé à volonté pour épouser les tendances et la culture du collectif qui l'occupe. Une notion simple, l'adéquation Espace-Organisation, peut aider à ajuster les lieux à l'activité qui s'y déroule. Il suffit de penser cette adéquation dans le temps, et pas seulement ponctuellement.

UNE PROGRAMMATION DYNAMIQUE

Avant tout aménagement, il est indispensable de commencer par le travail de programmation, c'est-à-dire de définition des besoins et des contraintes d'occupation d'une équipe dans ses bureaux. En étudiant, en amont, les modes de fonctionnement et la culture d'interaction au sein de l'entreprise, le « programmiste » recense les occupants, les typologies de bureaux et d'équipements dont il a besoin, et il applique ces contraintes à un lieu précis.

Ce travail est complexe, long et fastidieux quand il est fait manuellement. Il suit un travail non moins complexe d'entretiens et de collecte de données. Il est donc naturel qu'on ne mène un processus aussi laborieux qu'en début de projet et qu'on évite d'en changer trop souvent les paramètres et les limites.

Le résultat tangible de ce processus est le *zoning plan*, dans lequel les personnes ou équipes sont placées dans des espaces délimités, en fonction des effectifs et du type d'espace choisi (cloisonné, ouvert, partagé…). Aboutir à un *zoning plan* prend plusieurs jours de travail à des architectes ou consultants expérimentés. Toute modification majeure du bâtiment ou du programme implique de recalculer l'ensemble du programme et de refaire le plan.

Lorsque ce processus est accompli traditionnellement par des « programmistes », architectes ou consultants spécialistes de la définition du besoin, le résultat est à l'image de leur savoir-faire : original, professionnel, intelligent. Mais il ne sera malheureusement jamais optimal, ou alors par un coup de chance, tant il est difficile dans un temps raisonnable de mesurer, ajuster, tester, toutes les solutions qui permettraient de satisfaire toutes les contraintes tout en maximisant les objectifs.

Cependant, si ce travail venait à être refait trois fois, quatre fois, dix fois, en fonction des options de programmation, des réorganisations possibles, des différents bâtiments envisagés, des types de surfaces potentiellement occupées, ce travail deviendrait absolument impossible en raison de son coût et du temps qu'il faudrait y consacrer.

Penser l'aménagement comme une dynamique qui suivrait le mouvement des équipes et l'évolution de l'entreprise impose de repenser la technologie et les méthodes de conception des espaces.

Notre expérience nous a permis d'élaborer un tel système pour à la fois cartographier les besoins et les contraintes du site et les confronter à la réalité. On peut ainsi accompagner la transformation, la visualiser, mesurer l'adéquation de l'espace à l'organisation. C'est ce que nous avons fait ces cinq dernières années pour aboutir à un logiciel complet que nous avons appelé We2 (prononcer *oui scouère* pour « Workplace Efficiency et Workplace Empowerment »).

Grâce à l'intelligence artificielle, le programme positionne automatiquement les départements et les postes en fonction des contraintes et des souhaits de l'entreprise. Ce système aboutit à un *zoning* optimal à tout point de vue, ce qu'un humain ne saurait faire avec certitude. On peut non seulement calculer l'impact de l'aménagement sur les surfaces et les coûts, mais, de plus, un plan est généré en quelques minutes, et ce à volonté, au gré des modifications du programme, de l'organisation, des équipements, des locaux que l'on veut tester. La machine facilite cette approche. Elle permet de mettre en place des processus collaboratifs de co-conception des espaces en explorant des solutions au gré des idées et des options d'organisation ou de la vision que l'on imagine pour l'évolution du groupe.

La programmation dynamique et collaborative est la clé d'une parfaite adéquation Espace-Organisation, non seulement au moment de l'aménagement, mais surtout tout au long de l'occupation des locaux.

CAPTER L'USAGE AU PLUS PRÈS DE LA RÉALITÉ

Les méthodologies d'accompagnement passent généralement par une enquête sur les besoins des utilisateurs ainsi que par la collecte des données de l'entreprise. Ces méthodologies font régulièrement appel à des questionnaires (comme le questionnaire *Leesman*™) et à des entretiens.

Cette approche a cependant une limite, celle de l'écart entre la perception et la réalité des besoins ou des contraintes. Prenons, par exemple, l'usage des salles de réunions. Si l'on se contente de collecter les plannings de réservation ou de demander aux utilisateurs s'ils ont assez de salles disponibles, leur réponse est souvent trompeuse. Quand la population d'un bureau ressent une saturation des ressources, le réflexe est toujours la surréservation (à l'avance) afin de s'assurer de la disponibilité des lieux… aggravant encore le problème.

« Quand la population d'un bureau ressent une saturation des ressources, le réflexe est toujours la surréservation (à l'avance) afin de s'assurer de la disponibilité des lieux… aggravant encore le problème. »

D'autres éléments de perception, comme le bruit dans un espace ouvert, la couleur de la lumière, le sentiment de surpopulation, sont très variables d'un individu à l'autre. Il faut donc aborder la question d'un point de vue statistique, ce qui n'est jamais satisfaisant : si 90 % des usagers ou, au contraire, 10 % sont satisfaits du niveau sonore des bureaux, on tient une information utilisable. Mais si c'est 68 % d'entre eux ? Et qui sont-ils, où travaillent-ils ?

Pour évaluer les besoins de façon plus concrète, on peut mesurer des paramètres sur place : le volume sonore, la température, l'intensité lumineuse, l'occupation des postes et des espaces, le passage dans une circulation, les flux de personnes. Les capteurs permettent de prendre une mesure objective d'un facteur physique, qu'on compare ensuite à la perception des utilisateurs. Il y a trop de bruit, mais quand ? Tous les jours ? Pour tout le monde ou seulement dans certaines salles ? On identifie ainsi les causes réelles de l'insatisfaction. La mesure peut être calibrée pour recevoir des alertes objectives qui permettent d'agir avant que le problème ne devienne grave.

D'une part, cela permet d'établir un programme, une réponse architecturale et le dimensionnement des espaces communs en fonction d'éléments tangibles, y compris quand ils n'étaient pas envisagés par les utilisateurs ou les responsables de la gestion des locaux au départ. D'autre part, la mesure continue sur site après installation permet d'alerter sur les dérives conduisant à une inadéquation entre l'espace et l'organisation. Nous appelons «dérives» les dysfonctionnements dus à des stratégies individuelles destinées à compenser un manque : je réserve la salle de réunions très à l'avance même si je ne l'occupe pas ; je mets ma veste sur la chaise d'un bureau que je n'utilise pas. On tire de ces mesures des objectifs quantifiables pour organiser les services de réaménagement en fonction de besoins précis, avant que les problèmes n'arrivent, et non en correctif tardif.

Cette approche est rendue possible par une programmation dynamique et la mise en œuvre de capteurs et d'enquêtes continues. Elle permet de suivre des indicateurs et d'atteindre des objectifs, qu'ils soient économiques, organisationnels, ou qu'ils touchent à la qualité de vie au travail.

L'AMÉNAGEMENT AGILE

L'agilité, comme nous l'avons vu au premier chapitre de ce livre, suppose la répartition des responsabilités, la mesure constante du succès et la redéfinition des objectifs par cycles. Dans une entreprise qui se transforme en organisation agile, il ne suffit pas de prévoir des espaces appropriés à la collaboration. L'environnement de travail doit évoluer avec les équipes, les projets, la taille de l'organisation, son marché, son niveau d'automatisation, le nomadisme de ses membres. Ces critères sont en constante évolution, à l'image d'un être vivant.

Comme pour tout arthropode (un homard ou une sauterelle, par exemple), quand la taille ou les besoins d'une organisation dépassent les capacités de son exosquelette, l'entreprise doit pouvoir entrer en mue et ajuster sa carapace à sa nouvelle conformation. Dans une entreprise agile, les locaux, l'ameublement aussi bien que les cloisons ou l'usage même des espaces sont sujets à une révision et une adaptation constantes.

QUELLES MESURES POUR QUELS RÉSULTATS ?

Mettre des capteurs partout, et pour tout, serait non seulement inutile mais coûteux en investissement et en temps d'analyse des données. La mise en place d'un système de captation systématique ouvre la porte à des dérives de surveillance et de coercition, comme par exemple les indicateurs de niveau sonore qui déclenchent des alertes ou des réprimandes dans les espaces partagés, sous prétexte de confort pour tous : nous avons vu, dans certains incubateurs d'entreprise, les gérants installer des décibelmètres dans le but de pénaliser ceux qui parlaient trop fort (au lieu d'attaquer le problème à la racine, par exemple en fermant l'espace par une vitre).

Mesurer n'est utile que si l'on a des objectifs précis à atteindre. Les objectifs peuvent être définis au moment de la programmation, mais ils doivent être révisés régulièrement, de façon périodique (tous les trimestres, par exemple) et à l'occasion de chaque réorganisation majeure. Ils doivent être absolument en ligne avec la culture et la vision de l'entreprise, et répondre à des inadéquations Espace-Organisation mises en relief par les enquêtes.

« Comme pour tout arthropode (un homard ou une sauterelle, par exemple), quand la taille ou les besoins d'une organisation dépassent les capacités de son exosquelette, l'entreprise doit pouvoir entrer en mue et ajuster sa carapace à sa nouvelle conformation. »

On peut classer ces objectifs selon les axes suivants, du plus individuel au plus global :

- productivité individuelle, capacité de concentration ;
- confort individuel sensoriel, accessibilité, consommation ;
- capacité à échanger, partager, collaborer ;
- adaptabilité aux besoins, projets, différents temps, débordements ;
- efficacité intra-équipes, inter-départements ;
- inclusivité (client, télétravail, téléconférence, environnement…) ;
- coûts (des surfaces, par employé, de réaménagement, de déménagement, d'agrandissement/réduction de surface, *turn-over*) ;
- revenus (ventes, sous-location, services aux autres utilisateurs) ;
- image (*awareness*, marque employeur, CSE…) ;
- durabilité (énergie, déchets, réutilisation, implication des équipes).

Des techniques issues de l'analyse des données permettent d'établir des corrélations entre les indicateurs et les objectifs quantitatifs et qualitatifs définis. Il suffit de bien poser les objectifs et d'identifier les mesures qui pourraient y contribuer. Par exemple, si l'on compare le taux d'occupation des zones à la température et au niveau sonore tout au long d'une journée, on met en évidence les zones propices à la concentration. On sait si la concentration y est souvent perturbée, ou bien si elles sont faiblement occupées ou saturées. Ainsi, fixer un objectif de taux d'occupation maximum sous le seuil sonore de concentration permet d'offrir une productivité optimale à une population en *flex office*.

De même, le seuil minimum d'occupation des espaces collaboratifs (hors salles de réunions) est un indicateur d'adéquation au partage. *A contrario*, la seule mesure du temps d'occupation d'un poste de travail ou d'une salle de réunions aura certainement un impact sur la programmation des futurs locaux, mais ne permet pas de progresser vers l'un des objectifs listés ci-dessus.

Pour y parvenir, ces indicateurs et objectifs doivent croiser les informations mesurées dans l'espace avec les informations tirées des outils numériques, comme la réservation de salle, la messagerie instantanée, les terminaux interactifs (distributeurs, par exemple) quand ceux-ci sont accessibles.

QUI S'EN OCCUPE ?

Le passage au mode agile dans les locaux implique de constituer une équipe interne qui soit à même de fixer des objectifs, les « vendre » à la direction générale, suivre les indicateurs et piloter, à chaque cycle de conduite du changement, l'ajustement des aménagements et des objectifs eux-mêmes.

Ces équipes sont souvent pluridisciplinaires et impliquent des fonctions de support, comme les ressources humaines, les services généraux (quel que soit leur nom dans l'entreprise), les services techniques et informatiques, le contrôle de gestion, mais aussi et surtout des représentants et ambassadeurs des équipes opérationnelles.

Peu importe la méthodologie agile choisie, il faut une équipe soudée et consciente de son rôle stratégique pour le développement de l'entreprise qui sache fonctionner en autonomie, défendre un budget, innover, mesurer et, le cas échéant, remettre en question les objectifs fixés précédemment. Les parties prenantes sont les utilisateurs, c'est-à-dire les salariés de l'entreprise et, à ce titre, leur satisfaction doit être mesurée avec ou sans la collaboration de l'entreprise en charge de l'aménagement de l'espace et de l'accompagnement au changement.

REPÉRER LA DÉTRESSE INDIVIDUELLE ET LES DÉRIVES COLLECTIVES

Comme tous lieux communs à un collectif, les bureaux d'une entreprise ne peuvent faire l'unanimité. Celui qui aura perdu son bureau individuel au profit d'un bureau collectif ou d'un poste en espace ouvert se sentira dérangé (et probablement vexé). Les sédentaires et les nomades auront des perceptions différentes, les créatifs et les administratifs n'auront pas les mêmes attentes et toutes ne pourront pas toujours être satisfaites.

D'autre part, certains locaux dont l'adéquation Espace-Organisation est parfaite au moment de l'aménagement peuvent devenir invivables après une phase de forte croissance de quelques mois seulement. Les avantages perçus initialement, comme la taille et le nombre de salles de réunions, les salles de repos ou de sport, la respiration des espaces, peuvent perdre tout intérêt, voire conduire à de forts désagréments dès que les équipements et ressources sont saturés par une population grandissante : on préférerait avoir moins d'aménités et plus de place pour le travail de base.

L'ennemi à abattre est la stratégie individuelle visant à préempter certains postes ou espaces communs. Ces comportements créent, à l'inverse, des « victimes » de ces nouveaux prédateurs de l'espace et génèrent frustrations et conflits, voire des *burn-out*.

Vient ensuite la pénurie d'espaces de production ou de concentration. Lorsque les employés ne peuvent retourner dans leur bulle pour produire, penser, gérer leur stress, alors leur productivité baisse, leur anxiété augmente, les conflits se font plus violents parce que des personnes habituées à un niveau de performance n'arrivent plus à l'atteindre pour des raisons qu'elles ne maîtrisent pas et ne perçoivent pas forcément.

Enfin, une dérive plus récente, rendue possible par la transition numérique et le télétravail, vient brouiller les cartes. Le télétravail a été initialement conçu comme un moyen d'alléger les temps de transport de certains salariés ou de leur permettre de concilier des contraintes personnelles ou familiales avec leur activité professionnelle. Mais certaines entreprises s'en servent comme d'une variable d'ajustement permettant de réduire la population sur site ou de neutraliser certains conflits. Pourtant, si le télétravail organique est à prendre en compte dans les phases de programmation des locaux, les enquêtes montrent que la productivité et la sociabilité des équipes diminuent fortement lorsque le nombre de personnes en télétravail ou la durée de ce dernier dépassent un certain seuil. Les télétravailleurs ne peuvent être considérés comme une population « hors les murs », mais plutôt partiellement nomades, comme un consultant ou un commercial.

D'une manière générale, les équipes chargées de faire évoluer les locaux doivent être particulièrement vigilantes à identifier les dérives systémiques liées à l'inadéquation Espace-Organisation. Les réponses à ces dysfonctionnements sont variées, mais d'une manière générale elles sont rarement « *top-down* » ou de l'ordre de la règle interne. L'usage de *nudges*, d'*incentives*, la créativité de solutions et la « gamification » sont à privilégier pour inciter les équipes à mieux répartir leur utilisation sur des horaires plus larges, des zones différentes, des modes plus informels. Par exemple, dans un espace décloisonné où le passage trop près des bureaux risque de déranger ceux qui y travaillent, on peut dessiner le chemin adéquat par une couleur de moquette différente. Des concours de recyclage, des bonus et malus sur les réservations de salles, peuvent encourager aux bonnes pratiques – mais toujours par équipe, pour encourager à l'entraide et éviter de désigner nommément les mauvais élèves.

D'une manière générale, il faut être prêt à sacrifier un élément secondaire (une salle de repos ou de sport, par exemple) à un besoin prioritaire (des espaces calmes). On vient au bureau, avant toute chose, pour travailler dans de bonnes conditions. Les problèmes doivent être clairement partagés et la réponse collaborative, transparente et bien expliquée.

UN PAS DE CÔTÉ POUR MIEUX TRANSFORMER

La co-création des locaux permet de rendre les collaborateurs acteurs de leur espace de travail. Ils s'approprient ainsi les espaces au lieu de les subir. En retour, les espaces peuvent aussi avoir une influence majeure sur leur comportement et leur capacité d'initiative. Déplacer une équipe, la faire passer d'un *open space* à un espace fermé, ou l'inverse, peut suffire à placer une équipe dans une perspective différente. Des dynamiques internes d'innovation ou d'intrapreneuriat seront facilitées par une salle de créativité, un *lounge* qui donne envie de passer du temps avec ses collègues et de lancer de nouvelles idées. Les espaces peuvent aussi rapprocher des personnes qui n'ont pas l'habitude de travailler ensemble. En co-création, ils pourront redéfinir là où ils souhaitent aller… et repenser leur travail, jusqu'aux locaux eux-mêmes. Ce travail itératif n'est pas seulement là pour ajuster l'espace à l'organisation, mais aussi pour faire évoluer l'organisation elle-même, en perturbant les routines. Cet effet « disruptif » est une technique très classique d'accompagnement au changement, appliquée aux lieux de travail. En sortant chacun de ses habitudes, de ses embouteillages, de sa machine à café routinière, des motifs répétitifs qui l'enferment dans des erreurs qui peuvent se reproduire, on le fait réfléchir différemment. Une telle perturbation nécessite, bien entendu, un accompagnement managérial adéquat. Mais elle est porteuse d'une réintroduction du libre arbitre et de la capacité d'initiative de chacun. Nous avons vécu, durant le confinement dû à la crise sanitaire de 2020, une de ces ruptures majeures dont nous n'avons pas fini de tirer les conséquences. Une approche agile et itérative nous semble aujourd'hui la façon la plus sage et efficace d'adapter nos espaces à ce changement radical de notre environnement.

« L'ennemi à abattre est la stratégie individuelle visant à préempter certains postes ou espaces communs. Ces comportements créent, à l'inverse, des « victimes » de ces nouveaux prédateurs de l'espace et génèrent frustrations et conflits, voire des *burn-out.* »

Les locaux sont en mouvement, tout comme l'entreprise et la société. Organiques, adaptables, ils peuvent porter la transformation de l'entreprise, et son inclusion dans un réseau vivant et mobile. Celui du bureau dans la cité.

8

LE BUREAU DANS LA CITÉ

Le biotope qu'est le lieu de travail se place au sein d'un écosystème plus large. Cet écosystème, c'est le réseau de partenaires, de parties prenantes, de fournisseurs, de collaborateurs permanents ou épisodiques de l'entreprise, mais aussi l'ensemble de la cité dans laquelle elle s'ancre. Ce phénomène n'est, bien sûr, pas nouveau, mais il est renforcé par l'hybridation croissante de nos espaces de travail.

ESPACES HYBRIDES

On l'a vu, les entreprises peuvent offrir une diversité de postures de travail et de repos dans leurs locaux mêmes. Notre vie personnelle a fait son entrée, en toute légitimité, sur le lieu de travail : il est devenu normal de prendre un rendez-vous chez le médecin, de communiquer avec ses amis, de remplir des démarches administratives, de réserver un restaurant… sans risquer les foudres d'un manager qui aurait les yeux rivés sur la pointeuse. Peut-être parce qu'il n'y a plus beaucoup de pointeuses. À l'inverse, notre travail peut également conquérir des espaces qui n'ont pas été officiellement conçus à cet usage : lieux de transport, cafés, domicile, lieux de vacances… Les flux de travailleurs et leur activité à un instant donné peuvent faire l'objet d'une étude qu'on nomme « chronotopique » : observer l'entrelacs de l'espace et du temps, pour se rendre compte qu'il n'y a désormais plus de lieux uniquement consacrés au travail, aux loisirs, mais beaucoup de mélanges des deux. C'est la fin de la cité fonctionnaliste héritée des années 1950, où les urbanistes imaginaient des quartiers d'affaires d'un côté, des banlieues pour vivre de l'autre, et de grandes routes entre les deux. La ville revit, riche des échanges entre des activités entrelacées.

Dans les transports en commun, chacun consulte son agenda de la journée, répond à quelques mails. Le travail peut également s'inviter à la maison et même sur nos lieux de vacances. Avec nos ordinateurs et nos téléphones portables, il est devenu très facile de travailler d'absolument partout ; tellement facile que cela peut en devenir problématique, en imposant le rappel du travail à tous et en tout lieu : a-t-on vraiment toujours envie de voir nos voisins de table, à une terrasse au soleil, penchés sur leur clavier, comme un reproche implicite à notre souhait de simplement regarder passer la vie ? Il pourrait s'avérer nécessaire d'associer une étiquette à cette grande liberté, qu'elle soit personnelle – en se fixant des temps de travail et de loisir bien définis – ou collective, comme ces cafés qui placardent fièrement: «On n'a pas le Wi-Fi ici, parlez-vous à la place.»

S'il est facile de se laisser envahir par le travail, l'inverse n'est pas toujours vrai: l'un des défis préférés de nos consultants est de faire entrer de la vie autre que le travail sur le lieu de travail: voilà qui est nettement moins facile… et, par conséquent, d'autant plus intéressant. Comment faire entrer d'autres services sur le plateau de bureau: soirées œnologie, vide-dressing, projections de cinéma sur le grand écran de l'auditorium? Une fois encore, une telle hybridation est au bénéfice de l'entreprise, créant des liens nouveaux entre les collaborateurs ou avec ses partenaires. Puisqu'on n'est plus obligé d'aller au bureau pour travailler, les bureaux doivent offrir un lieu de rendez-vous, une plateforme de rencontres physiques. Nous avons vu les salariés de Club Med prendre plaisir à se donner rendez-vous au bureau. En s'ouvrant à un public plus large que celui de ses collaborateurs, il leur offre une grande richesse de découvertes et d'idées.

«La tolérance est la notion clé. Par exemple, dans l'espace culturel *Le 104*, à Paris, lieu d'expositions et de spectacles, la vaste galerie centrale est généralement peuplée de groupes de jeunes, sonos en main, qui s'exercent à la danse hip-hop.»

Des organisations, privées ou publiques, ont déjà commencé à s'y essayer. L'agence de publicité BETC a intégré en 2016 d'anciens entrepôts bordant le canal de Pantin, au nord de Paris, dont le rez-de-chaussée est ouvert sur la ville. La station F comporte un vaste espace de restauration et de conférences ouvert à tous. Les futurs locaux de l'agence BVA, conçus avec CDB, comprendront un rez-de-chaussée ouvert au public, avec une boulangerie solidaire ouverte aux mêmes horaires que l'entreprise. Une réflexion est en cours pour l'ouverture des locaux et des salles de réunions à des associations environnantes. On peut même envisager d'inviter des étudiants, qui découvriraient ainsi l'entreprise et poseraient des questions toutes simples auxquelles personne n'avait encore pensé. Cette initiative pleine de potentiel en termes de marque employeur pose évidemment des questions de responsabilité civile et de sécurité ; mais si l'hybridation des usages est abordée dès la conception des locaux, il est possible d'intégrer les solutions de sécurité adéquates.

Une fois les espaces formellement ouverts, tout l'enjeu est d'y faire entrer une vie réelle. Comment faire en sorte que le public ose franchir la frontière et s'approprie l'espace ? La tolérance est la notion clé. Par exemple, dans l'espace culturel *Le 104*, à Paris, lieu d'expositions et de spectacles, la vaste galerie centrale est généralement peuplée de groupes de jeunes, sonos en main, qui s'exercent à la danse hip-hop. Un usage spontané, bien ancré dans le quartier. Les autorités n'ont pas décrété que les jeunes viendraient s'y installer, mais les ont laissés monter le son, sans les chasser, jusqu'à ce qu'ils se sentent réellement les bienvenus. Le personnel du *104* passe parmi eux tous les jours et découvre au passage ce qui fait vibrer les jeunes générations.

Les exemples se multiplient : le campus *Evergreen* du Crédit Agricole, à Montrouge, comporte un parc de huit hectares dont une partie est ouverte au public. Le nouveau siège de BNP Paribas, à Boulogne, comprendra une coursive intérieure donnant sur les bureaux, qui sera ouverte aux habitants du quartier les soirs et les week-ends. Il est toujours délicat de projeter un usage, d'imaginer une « place du village » dont le public aura vraiment envie de tirer parti. Mais c'est en tolérant des usages un peu décalés, en relâchant une part du contrôle, qu'on crée un espace vraiment ouvert et vivant. La bibliothèque du campus de Lausanne, par exemple, est un espace fluide et organique, plein d'espaces inclinés. Le public est invité à déplacer les poufs pour s'installer, créer des lits, des montagnes, et tant pis si certains font la sieste : tant que les règles de base du lieu sont respectées, chacun en fait usage à sa guise.

SE RECONNECTER À UN QUARTIER

Qu'elle s'ouvre au public ou non, toute entreprise est forcément située dans un contexte géographique et social. Son siège est situé dans une ville, dans un quartier, au sein d'un réseau de transports, de commerces et de partenaires. Les entreprises ont parfois mis en place des accords avec des restaurateurs, des centres sportifs, des prestataires de services, mais ces pratiques demeurent encore anecdotiques. Une grande piste de progression actuelle est de mieux développer les liens avec les commerçants du quartier, puisque leur chiffre d'affaires dépend souvent forcément des entreprises qui les environnent : en assurant le déjeuner du midi, les services postaux et de blanchisserie, ils se mettent au service des collaborateurs, et donc de la dynamique de l'entreprise. L'avantage d'un espace collectif vaste et accueillant est de pouvoir faire entrer ces services au sein même du lieu de travail, pour des déjeuners de découverte, des cours de sport qui fédéreront les effectifs, ou des services qui simplifieront la vie de tous.

Aucun siège d'entreprise n'est un bloc autonome, à l'écart de tout. Qu'on le veuille ou non, l'entreprise a un impact sur les espaces qui l'entourent. Les choix – et les obligations – de transport des salariés ont un impact sur l'occupation des sols de la ville et sur l'air que nous respirons tous. Malgré le développement accéléré du télétravail et des outils collaboratifs à distance, les collaborateurs ont toujours des raisons d'aller au bureau ou en rendez-vous. Un siège bien conçu sera accessible en transports en commun, mais également aux autres formes de mobilité : y a-t-il un casier pour ranger ses objets, une douche pour ceux qui viennent à vélo ? De telles questions sont encore trop souvent considérées comme accessoires quand on les aborde en comité de direction, alors qu'elles sont essentielles à la place future de l'entreprise. La circulation alternée, les voitures électriques autonomes, seront la réalité de la ville en 2030. 2030, c'est dans dix ans. Or la construction de nouveaux locaux est un investissement à au moins dix ans : il relève donc du bon sens d'anticiper l'évolution des transports, par exemple avec des solutions pour les transports électriques, une réflexion sur les indemnités de transport et l'évolution des bureaux.

FAIRE ENTRER LA NATURE

Les transports ne sont pas la seule source d'impact environnemental. Tout siège d'entreprise occupe de l'espace, sollicite les infrastructures et consomme énergie et ressources. La plupart des nouveaux bureaux sont désormais écoconstruits, comme la Caisse d'Épargne Rhône-Alpes à Grenoble, avec laquelle nous avons travaillé. Les flux d'air sont optimisés, et réglables par chacun, pour réduire la consommation d'énergie liée au chauffage et à la climatisation. Quand l'entreprise s'est installée dans un écoquartier construit sur une ancienne friche industrielle, de l'autre côté de la ville par rapport aux anciens locaux, certains collaborateurs ont protesté : les trajets vont être plus longs, et il n'y a pas assez de places de parking ! Mais l'arrêt de tram est à cinq minutes, et les lieux comportent des racks à vélo, des recharges à voitures électriques. De quoi pousser délicatement les collaborateurs à un changement de pratiques dans leurs transports.

« L'approche par la biophilie revient à favoriser le bien-être des salariés en utilisant des matières plus brutes, du bois non traité, plutôt que des plastiques et des moquettes saturés de produits chimiques. »

Le tournant du digital permet de rationaliser certaines consommations, mais il en occasionne également d'autres. Les services informatiques et serveurs de données devraient consommer 50 % de l'électricité du monde en 2030 (Ademe, 2019). Il est devenu une évidence que les bureaux que nous concevons soient *high-tech*, digitaux, pétris de nouvelles technologies. Mais il ne faut pas oublier que les écrans que nous installons partout ont un impact, de par les ressources nécessaires à leur fabrication, de par leur consommation d'électricité et celle des serveurs auxquels ils sont reliés.

Si la mode du *high-tech* et du digital est bien ancrée, certaines pratiques *low-tech* méritent d'être envisagées pour réduire l'impact des bureaux sur la ville et sur l'environnement. Les pistes d'action sont nombreuses. L'axe d'action le plus évident est de jouer sur les dimensions des locaux et sur leur isolation thermique. Ensuite, une réflexion peut être lancée sur le nombre d'écrans réellement nécessaires en entreprise : combien d'écrans, dans les salles de réunions par exemple, ne sont que rarement utilisés ? Chaque collaborateur a-t-il réellement besoin de quatre écrans, entre son ordinateur fixe, son portable, son téléphone et sa tablette, sans compter ses terminaux personnels ? Les consommations de convivialité peuvent également être repensées : pourquoi ne pas utiliser de la vaisselle lavable, comme on le fait chez soi ?

Au-delà de ces réflexions de sobriété environnementale, nous travaillons actuellement avec des clients à faire entrer la nature sur les lieux de travail. Des études démontrent que nous nous sentons mieux, et plus créatifs, quand nous sommes en contact avec les plantes, le bois, les horizons dégagés. L'approche par la biophilie revient à favoriser le bien-être des salariés en utilisant des matières plus brutes, du bois non traité, plutôt que des plastiques et des moquettes saturés de produits chimiques. Nous dessinons des espaces plus courbes, nous laissons entrer la lumière du jour. De plus en plus d'espaces de travail intègrent des plantes, de l'eau, des animaux. Des potagers collaboratifs et des ruches prennent place sur les toits et les balcons, créant des liens entre les salariés et avec des associations extérieures à l'entreprise.

Comme pour les nouveaux modes de transport, de bonnes pratiques d'économie de ressources et de recyclage sont encore trop souvent considérées comme des détails cosmétiques en entreprise, alors que tout le monde recycle ses déchets chez soi. Les entreprises sont certes de grands paquebots, qui mettent souvent plus de temps à virer de bord que les individus, mais le questionnement sur le fonctionnement quotidien des entreprises fait partie intégrante d'une réflexion plus large sur la raison d'être de l'entreprise et sur sa vision de l'avenir. Des bureaux conçus pour être adaptables aux changements sociaux et environnementaux seront plus résilients et feront la fierté de leurs collaborateurs.

Le bon espace de travail est celui qui s'adapte à l'identité de l'entreprise, dans un premier temps, puis qui l'accompagne dans la bonne direction. Avoir un potager et une cantine d'entreprise qui sert des produits locaux n'empêche pas un haut niveau de technologie et un accès à une connexion web de bonne qualité. En 2021, tous les bureaux devraient déjà être économes en énergie : c'est une question financière tout autant qu'environnementale.

Surtout, des bureaux qui incarnent la raison d'être d'une entreprise, et qui la poussent plus loin dans sa réalisation, formeront le cadre le plus stimulant pour les collaborateurs. La réflexion partira donc de la raison d'être pour imaginer l'avenir : des espaces de travail adaptables, ouverts sur la ville et sur les grandes évolutions de notre économie et de notre société, sans se fermer artificiellement à la « vraie vie » qui se déroule ailleurs. Des espaces qui catalyseront le changement, au grand bénéfice des collaborateurs et du monde qui les entoure.

« Avoir un potager et une cantine d'entreprise qui sert des produits locaux n'empêche pas un haut niveau de technologie et un accès à une connexion web de bonne qualité. »

conclusion

Entre l'idée de cet ouvrage, sa construction et sa finalisation, il nous semble, à regarder les gens se déplacer masqués dans la rue, à contempler des bureaux vidés par les contraintes sanitaires, que le monde a radicalement changé.

Pourtant, loin de nous subjuguer, nous pensons profondément que cette crise nous a servi. Elle a révélé un champ des possibles bien plus large que ce que nous imaginions tous avant qu'elle ne survienne. Comme après chaque événement ou crise majeurs – attentat, guerre, catastrophe industrielle –, les oracles de tous bords s'égosillent à nous expliquer que le monde de demain sera radicalement différent de celui d'hier. Immédiatement après la crise, ou durant celle-ci, très certainement. Nous nous adaptons, en compensant de façon parfois extrême, à ce qui nous fait désormais peur. Mais après ? Après que nous nous serons progressivement habitués à ces nouvelles contraintes, après que nous aurons fait le bilan des conséquences et des opportunités qui s'offrirnt à nous, serons-nous vraiment différents ?

Notre point de vue, abondamment décrit et illustré dans cet ouvrage, c'est que tout système doit comporter dans sa conception même une capacité d'adaptation à court, moyen et long terme. Ce qu'ont révélé la crise sanitaire et la nécessité de travailler à distance, c'est que nous en étions capables. Certains ont apprécié de passer plus de temps en famille et moins dans les transports, d'autres ont souffert d'isolement ou de la promiscuité qui en découle. Il est difficile de faire un bilan du télétravail en soi, et nos enquêtes auprès des collaborateurs et des dirigeants des entreprises que nous avons interrogés sont loin de permettre de dégager une voix unanime sur le sujet.

Notre réponse, c'est que le travail à distance n'est pas la question. Ce qui est central, ce sont les raisons profondes qui nous font aller au bureau.

En posant le titre de cet ouvrage, nous n'avons pas voulu faire un effet de manche mais bien poser cette question fondamentale : qu'est-ce qui fait du bureau un lieu où il est à la fois efficace et agréable de travailler ?

Il nous faut dépasser les oppositions binaires telles que maison/bureau, local/distant, physique/numérique, privatif/partagé, de même qu'il faut abandonner les réponses prémâchées qui nous donneraient la part idéale du nombre de jours de télétravail pour tous les employés, ou bien quelle part de tiers lieux par rapport aux espaces privatifs.

Ces questions sont, au contraire, posées et appliquées à chaque collaborateur, chaque équipe, au quotidien. Où vais-je travailler aujourd'hui ? Avec qui ? Que vais-je y faire ? Quels outils seront plus utiles pour mon équipe ou moi ? Avec qui ai-je envie de bavarder, prendre un café, déjeuner ? Ai-je le temps de passer une heure ou plus en transport ? Mon enfant est malade, puis-je faire de chez moi ce que j'aurais fait au bureau ?

Les bureaux de demain ne seront pas que des espaces, cloisonnés ou non, avec des tables et des chaises, les bureaux de demain seront la réponse à toutes ces questions, y compris les systèmes (issus de l'intelligence artificielle) qui aideront chacun à y répondre dans leur intérêt, l'intérêt de l'entreprise et celui de la société en général.

Toutes nos recherches montrent que la présence physique est essentielle au bon fonctionnement d'une équipe. Nous le mesurons en permanence dans nos enquêtes. Le *co-working* est un exemple frappant du fait qu'il est nécessaire de créer des liens avec d'autres, même s'ils ne font pas directement partie de nos équipes. Le bureau est un lieu de socialisation. C'est aussi un lieu où on vient puiser l'énergie et les idées pour atteindre les résultats que nous nous sommes fixés. Le bureau est un lieu de foisonnement extrême où il ne se passe pas toujours ce qui était prévu. On fait des rencontres de hasard, on discute, on se pose, on perçoit les choses différemment. La réalité, la vérité, est perçue différemment quand elle s'exprime par une quantité de signaux non formels.

Les bureaux de demain sont une continuité entre un nombre toujours grandissant de solutions qui vont de chez soi à un bureau à soi, en passant par les tiers lieux (café, *co-working*, bus connectés…), les espaces ouverts, les espaces collaboratifs, la voiture, l'avion, le train…

Il nous semble de plus en plus que lorsqu'on arrive au bureau, chacun d'entre nous doit percevoir que c'est là qu'on s'y retrouve. C'est une raison encore plus importante que de simplement y travailler. Quand les équipes sont bien huilées, le *reporting* régulier, les réunions calées, travailler à distance n'est jamais un problème. Nous nous retrouvons pour décider ou comprendre ce que nous devons faire quand cette organisation touche à ses limites ou quand individuellement ou collectivement nous n'arrivons pas à fonctionner correctement. Nous nous retrouvons au bureau pour connaître l'autre et par plaisir de partager des moments informels. Nous nous retrouvons au bureau pour faire et voir ce qu'on ne s'attendait pas à faire ou voir en y arrivant.

Continuité des espaces, virtuels ou physiques, foisonnement et multiplication des contacts et des modes d'interaction, incarnation de la culture de l'entreprise, médiation des conflits, catalyseurs de l'énergie individuelle en énergie collective, les bureaux sont là, quand on veut ou quand on peut y aller, pour vivre l'aventure professionnelle, pour créer du lien, pour se trouver et parfois aussi pour se retrouver.

« Les bureaux de demain ne seront pas que des espaces, cloisonnés ou non, avec des tables et des chaises, les bureaux de demain seront la réponse à toutes ces questions, y compris les systèmes (issus de l'intelligence artificielle) qui aideront chacun à y répondre dans leur intérêt, l'intérêt de l'entreprise et celui de la société en général. »

REMERCIEMENTS

Nous souhaitons adresser nos plus vifs remerciements à tous ceux qui ont apporté leurs témoignages pour l'élaboration de cet ouvrage : Philippe Amiotte (Danone), Priscille Barré (Club Med), Olivier Bergeret (Club Med), Céline Bollenot (Danone), Sébastien Courbe (Primexis), Jean Dedreuille (CDB), Audrey Eberhardt (Satec), Ghislain Grimm (Wip), François Le Jeune (F Iniciativas), Aurore Marain (CDB), Vanessa Mathieu (CDB), David Santana (CDB), Cécile Tourneboeuf (CDB), James Wong (CDB).

Nous remercions également les Éditions Eyrolles de nous avoir accompagnés tout au long de ce projet.